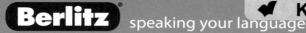

Berlitz speaking your language

Italian
in 30 days

Course Book
by Paola Frattola and Roberta Costantino

Berlitz Publishing
New York   London   Singapore

Contacting the Editors
Every effort has been made to provide accurate information in this publication, but changes are inevitable. The publisher cannot be responsible for any resulting loss, inconvenience or injury. We would appreciate it if readers would call our attention to any errors or outdated information, please contact us at: comments@berlitzpublishing.com

Original edition: 2001 by Langenscheidt KG, Berlin and Munich
Printed in Singapore, December 2008

2nd edition: 2014
Printed in China

Berlitz Trademark Reg. U.S. Patent Office and other countries. Marca Registrada.
Used under license from Berlitz Investment Corporation

Senior Commissioning Editor: Kate Drynan
Design: Beverley Speight
Picture research: Beverley Speight
Italian editor: Mundy Walsh
Cover photos: © APA Britta Jaschinski
Inside photos: Ming Tang Evans/APA p15; istockphoto p21, 52, 59, 69, 85, 103, 111, 127,153, 163, 203, 211, 220, 229, 237, 245, 255; William Shaw/APA p180; Britta Jaschinski/APA p29, 37, 77, 136, 145, 187, 195; Lydia Evans APA p96; Greg Gladman/APA p119; Gregory Wrona/APA p169.

Distribution:

Worldwide
APA Publications GmbH & Co. Verlag KG
(Singapore branch)
7030 Ang Mo Kio Ave 5
08-65 Northstar @ AMK, Singapore 569880
Email: apasin@singnet.com.sg

UK and Ireland
Dorling Kindersley Ltd
(a Penguin Company)
80 Strand, London, WC2R 0RL, UK
Email: sales@uk.dk.com

US
Ingram Publisher Services
One Ingram Blvd, PO Box 3006
La Vergne, TN 37086-1986
Email: ips@ingramcontent.com

Australia
Woodslane
10 Apollo St
Warriewood, NSW 2102
Email: info@woodslane.com.au

Contents

How to Use this Book

Italian in 30 Days is a self-study course, which will provide you with a basic knowledge of everyday Italian in a very short time. The course is divided into 30 short, manageable daily lessons. This book will familiarize you with the main grammatical structures of Italian and provide you with a good command of essential vocabulary. In 30 days you will acquire both an active and a passive understanding of the language, enabling you to function effectively in day-to-day life.

Each of the 30 lessons has the same pattern: first, there is a short text in Italian – generally a dialogue – then a grammar section, followed by a number of exercises to help reinforce what you have already learned. At the end of each lesson you will find a list of vocabulary and short informative tips that will give you an insight into everyday life in Italy. Each chapter is an episode in a journey that takes place over 30 days, from your arrival to your final departure, with the main focus on typical day-to-day situations. The quick grammar and vocabulary tests, together with the answer key at the back of the book, will enable you to check your progress.

The audio CD contains all the dialogues from the book. These are marked by a CD symbol. Lessons 1-10 are spoken twice: the first time, quickly and fluently so that you get used to hearing everyday Italian and, the second time, slowly and more clearly. From lesson 11 onwards you'll be advanced enough to follow the Italian text, which will now be spoken only once, in the faster speech of everyday language.

Pronunciation

The Italian alphabet is the same as English, with the addition of accents that indicate stress. The letters j, k, w, x and y only appear in foreign words.

Consonants

Letter	Approximate pronunciation	Example
c	1) before *e* and *i*, like *ch* in chip	*cerco*
	2) elsewhere, like *c* in cat	*conto*
ch	like *c* in cat	*che*
g	1) before *e* and *i*, like *j* in jet	*valigia*
	2) elsewhere, like *g* in go	*grande*
gh	like *g* in go	*ghiaccio*
gl	like *lli* in million	*gli*
gn	like *ni* in onion	*bagno*
h	always silent	*ha*
r	trilled like a Scottish *r*	*deriva*
s	1) generally like *s* in sit	*questo*
	2) sometimes like *z* in zoo	*viso*
sc	1) before *e* and *i*, like *sh* in shut	*uscita*
	2) elsewhere, like *sk* in skin	*scarpa*
z/zz	1) generally like *ts* in hits	*grazie*
	2) sometimes like *ds* in roads	*romanzo*

b, d, f, k, l, m, n, p, q, t and *v* are pronounced as in English.

Vowels

Letter	Approximate pronunciation	Example
a	1) short, like *a* in cat	*gatto*
	2) long, like a in father	*casa*
e	1) can always be pronounced like *ay* in way, but without moving tongue or lips	*sera*
	2) in correct speech, it can be pronounced like *e* in get or, when long, more like *ai* in hair	*bello*
i	like *ee* in meet	*vini*
o	can always be pronounced like *o* in go	*sole*
u	1. like *oo* in foot	*fumo*
	2. like *w* in well	*buono*

Two or more vowels

In groups of vowels a, e and o are strong, and i and u are weak vowels. The following combinations occur:

two strong vowels	pronounced as two separate syllables	*beato*
a stong vowel and a weak vowel	1) the weak one is pronounced more quickly and with less stress than the strong one; such sounds are diphthongs and constitute only one syllable:	*piede*
	2) if the weak vowel is stressed, then it is pronounced as a separate syllable	*due*
two weak vowels	pronounced as a diphthong; it is generally the second one that is more strongly stressed	*guida*

Stress

Generally, the vowel of the second last syllable is stressed. When a final vowel is stressed, it has an accent written over it, e.g. *caffè*.

The Alphabet

A	*ah*		S	*ehsseh*
B	*bee*		T	*tee*
C	*chee*		U	*oo*
D	*dee*		V	*voo*
E	*eh*		W	*voo doppeeah*
F	*ehffay*		X	*eeks*
G	*jee*		Y	*ee grehkah*
H	*ahkah*			*(also known as ipsilon)*
I	*ee*		Z	*zehtah*
J	*ee loonggah*			
K	*kahppah*			
L	*ehlleh*			
M	*ehmmeh*			
N	*ehnneh*			
O	*o*			
P	*pee*			
Q	*koo*			
R	*ehrreh*			

Numbers

0	**zero**	*dzeh•roh*
1	**uno**	*oo•noh*
2	**due**	*doo•eh*
3	**tre**	*treh*
4	**quattro**	*kwaht•troh*
5	**cinque**	*cheen•kweh*
6	**sei**	*say*
7	**sette**	*seht•teh*
8	**otto**	*oht•toh*
9	**nove**	*noh•veh*
10	**dieci**	*dyeh•chee*
11	**undici**	*oon•dee•chee*
12	**dodici**	*doh•dee•chee*
13	**tredici**	*treh•dee•chee*
14	**quattordici**	*kwaht•tohr•dee•chee*
15	**quindici**	*kween•dee•chee*
16	**sedici**	*seh•dee•chee*
17	**diciassette**	*dee•chyahs•seht•teh*
18	**diciotto**	*dee•chyoht•toh*
19	**diciannove**	*dee•chyahn•noh•veh*
20	**venti**	*vehn•tee*

21	**ventuno**	*vehn•too•noh*
22	**ventidue**	*vehn•tee•doo•eh*
30	**trenta**	*trehn•tah*
31	**trentuno**	*trehn•too•noh*
40	**quaranta**	*kwah•rahn•tah*
50	**cinquanta**	*cheen•kwahn•tah*
60	**sessanta**	*sehs•sahn•tah*
70	**settanta**	*seht•tahn•tah*
80	**ottanta**	*oht•tahn•tah*
90	**novanta**	*noh•vahn•tah*
100	**cento**	*chehn•toh*
101	**centuno**	*chehn•too•noh*
200	**duecento**	*doo•eh•chehn•toh*
500	**cinquecento**	*cheen•kweh•chehn•toh*
1,000	**mille**	*meel•leh*
10,000	**diecimila**	*dyeh•chee•mee•lah*
1,000,000	**milione**	*mee•lyoh•neh*

Days

Monday	**lunedì**	*loon•eh•dee*
Tuesday	**martedì**	*mahr•teh•dee*
Wednesday	**mercoledì**	*mehr•koh•leh•dee*
Thursday	**giovedì**	*jyoh•veh•dee*
Friday	**venerdì**	*veh•nehr•dee*
Saturday	**sabato**	*sah•bah•toh*
Sunday	**domenica**	*doh•meh•nee•kah*

Months

January	gennaio	*jehn·nah·yoh*
February	febbraio	*fehb·brah·yoh*
March	marzo	*mahr·tsoh*
April	aprile	*ah·pree·leh*
May	maggio	*mah·djoh*
June	giugno	*jyoo·nyoh*
July	luglio	*loo·llyoh*
August	agosto	*ah·goh·stoh*
September	settembre	*seht·tehm·breh*
October	ottobre	*oht·toh·breh*
November	novembre	*noh·vehm·breh*
December	dicembre	*dee·chem·breh*

At the station

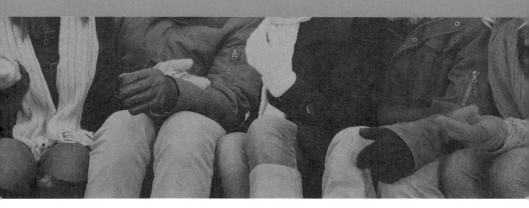

Welcome to Italy! Day 1 marks your arrival in Italy. You will learn the present tense of the verb essere (to be), the gender of nouns and adjectives (masculine or feminine?), and negation (how to say 'no'). You will also start to build your vocabulary, and pick up some important language and cultural tips.

MAKING FRIENDS...

*Italians change quickly from the formal 'you', **Lei** (singular) or **Loro** (plural), to the more informal 'you', **tu** (singular) or **voi** (plural). **Tu** and **voi** are generally used when talking to close friends, relatives and children and among young people. It is customary to embrace close friends as a form of greeting and to exchange a kiss on the cheek. With strangers, you can simply shake hands.*

***Ciao!** is an informal, universal expression meaning both hello and goodbye.*

Italian conversation: Alla stazione

Piera:	Scusi, Lei è Alessandra Jansen?
Persona:	No, mi dispiace, sono Silvia Lagosta.
Paolo:	Forse questa è Alessandra ...
Piera:	Ma no, Alessandra è bionda.
Valentina:	Mamma, ecco Alessandra, la ragazza con la valigia.
Piera:	Alessandra, Alessandra! Siamo qui! Ciao, cara!
Alexandra:	Buongiorno, signora Simoni.
Piera:	Benvenuta a Milano, cara, tutto bene?
Alexandra:	Sì, tutto bene, grazie, ma sono un po' stanca per il viaggio. Questo è Stefano, vero?
Piera:	No, questo non è Stefano, questo è Paolo, un amico di Valentina. Stefano è a casa, con la nonna.
Alexandra:	E questa è Valentina!
Valentina:	Giusto, io sono Valentina, piacere, Alessandra.
Alexandra:	Piacere.
Piera:	Ora andiamo, Alessandra è molto stanca, poverina, il viaggio è così lungo. Andiamo, andiamo!

English conversation: At the station

Piera:	Excuse me, are you Alexandra Jansen?
Lady:	No, I'm sorry, I am Silvia Lagosta.
Paolo:	Maybe that is Alexandra ...
Piera:	Surely not, Alexandra is blond.
Valentina:	Mum, there's Alexandra! The girl with the suitcase!
Piera:	Alexandra, Alexandra! Over here! Hello, dear!
Alexandra:	Hello, Mrs. Simoni.
Piera:	Welcome to Milan, dear, is everything OK?
Alexandra:	Yes, everything is fine, thank you. I am just a bit tired from the trip. That's Stefano, right?
Piera:	No, that's not Stefano, that's Paolo, a friend of Valentina's. Stefano is at home with grandma.
Alexandra:	And that is Valentina!
Valentina:	Right, I'm Valentina. Nice to meet you, Alexandra.
Alexandra:	Nice to meet you too.
Piera:	Let's go now. Alexandra is very tired, poor thing. The journey was very long. Let's go, let's go!

Grammar

essere	(to be)	
io	sono	*(i am)*
tu	sei	*(you are)*
lui, lei, Lei	è	*(he, she is; you [formal] are)*
noi	siamo	*(we are)*
voi	siete	*(you are)*
loro	sono	*(they are)*

In Italian, verbs are often used without the subject pronoun (**io, tu, lui** , etc.): **Sono stanco** *(I am tired)*. **Lei** = 'You' is a formal address used for women as well as men. The corresponding verb form is the third person singular. **Lei è molto gentile.** *(You are very kind.)*

Gender of nouns and adjectives

Italian has two grammatical genders: **masculine and feminine.**
These are genarally easily identifiable by their endings:

Questo è Paolo.	**ending with -o**	= *masculine*	plural -i
Questa è Valentina.	**ending with -a**	= *feminine*	plural -e

The same rule applies to many adjectives:
Alexandra è bionda.   Alexandra e Valentina sono bionde.
Stefano è biondo.   Stefano e Paolo sono biondi.

Negation

As a rule the negation **non** immediately precedes the verb.
E.g. Questo **non** è Stefano.

Exercises

Exercise 1

Insert spaces into the below words to create proper sentences.

1 Valentinaèacasaconlanonna. ....

2 Paoloèunamicodivalentina. ....

3 NomidispiacenonsonoalexandrasonoSilvia. ....

4 Alexandraèlaragazzabiondaconlavaligia. ....

5 QuestononèPaoloquestoèStefano. ....

Exercise 2

Match the words on the left with those on the right to form sentences.

1 Questa è		**a** è stanca.
2 Il viaggio		**b** non è Stefano.
3 Piera non		**c** Lei è Silvia Lagosta?
4 Questo		**d** Alexandra.
5 Scusi,		**e** è lungo.

Exercise 3

Arrange the various parts to form sentences.

1 Lei è – Scusi, – sono – mi dispiace, – Marina Valenti? – No, – Stefania De Vito

2 Stefano, – un amico – Questo – di – No – vero? – è – è – questo – Paolo, – Valentina

3 è – per il viaggio – Alexandra – un po' stanca

4 ragazza bionda – con – Alexandra – è – la – la valigia

5 ma a casa – non è alla – nonna – stazione – con la - Stefano

Exercise 4

Fill in the correct form of essere.

1 Questa .... Valentina.

2 La mamma .... stanca.

3 (Noi) .... alla stazione.

4 Paolo e Marco .... a scuola.

5 Il viaggio .... lungo.

6 Voi .... biondi.

7 Stefano e Paolo .... a casa.

Exercise 5

Put the sentences from Exercise 4 into the negative.

1 ....

2 ....

3 ....

4 ....

5 ....

6 ....

7 ....

Exercise 6

Fill in the blanks.

Alexandra .... (1) la ragazza con .... (2)

valigia. Lei è .... (3) .... per il .... (4).

Valentina: Ciao, Alexandra, ... (5) a Milano!

Alexandra: (6) .... Valentina.

Valentina: Tutto .... (7)?

Alexandra: Sì, ... (8), tutto bene.

Valentina: .... (9) un po' stanca?

Alexandra: Sì, sono .... (10) stanca.

.... (11) è Sandro?

Valentina: No, questo non .... (12) Sandro,

.... (13) .... (14) Stefano.

Alexandra: .... (15)

Stefano: .... (16).

Vocabulary

Below is a list of the vocabulary encountered in this chapter:

a casa	at home	**mi dispiace**	I am sorry
alla stazione	at the station	**molto**	much, plenty
amico m	friend (male)	**no**	no
amica f	friend (female)	**non**	not
andiamo	let's go	**nonna** f	grandmother
benvenuto	welcome	**ora**	now
biondo	blond	**per il viaggio**	because of the
buongiorno	good day, hello		journey
caro	dear	**piacere**	it's a pleasure to
casa f	house,		meet you
	flat Br /	**poverino** m	poor thing
	apartment Am	**questo/questa**	this
ciao	hello, goodbye	**qui**	here
con	with	**ragazza** f	girl
così	so	**scuola** f	school
di	from	**scusi**	excuse me
ecco	here/there is	**sì**	yes
essere	to be	**signora** f	woman, lady
forse	maybe	**stanco** m	tired
gentile	nice, friendly	**stazione** f	train station
giusto	correct, right	**tutto bene**	everything's OK
grazie	thank you	**un po'**	a little
lungo	long	**valigia** f	suitcase
ma	but	**vero**	true
mamma f	mum Br / mother Am	**viaggio** m	journey

At home

Day 2 sees you settling into your new home. You will learn the present tense of the verbs stare (to stay, to remain), and avere (to have). Learn how to ask questions and start a conversation, to distinguish between masculine and feminine adjectives, numbers 0 to 10, pick up some more vocabulary and useful cultural tips.

WELCOME...

*On arriving at someone's house or apartment, it is polite to ask **Permesso** or **È permesso?** (May I?) before entering. Expect to hear a friendly **Avanti** (Come in) to welcome you inside. It is not common to take off your shoes indoors in Italy but don't open an umbrella in someone else's home as this is said to bring bad luck.*

Italian conversation: Finalmente a casa

Piera:	Finalmente a casa! Dov'è Stefano? Stefano, Stefano!
Stefano:	Sono qui, mamma. Ciao Alessandra.
Alexandra:	Ciao Stefano, come stai?
Stefano:	Bene, grazie, e tu?
Alexandra:	Non c'è male, grazie.
Carlotta:	Buongiorno.
Piera:	Questa è Carlotta, la nonna di Valentina e Stefano, e questa è Alessandra.
Carlotta:	Come?
Piera:	Questa è Alessandra
Alexandra:	Piacere, signora Carlotta.
Carlotta:	Piacere, Alessandra, e benvenuta. Come sta la mamma?
Alexandra:	Sta molto bene, grazie.
Piera (sottovoce) :	La nonna è vecchia e un po' sorda. Ha già 83 (ottantatré) anni ...
Carlotta:	Non ancora 83.
Piera:	Ah, sì, è vero. Per 5 (cinque) settimane ancora 82 (ottantadue).
Carlotta:	E non sono sorda.

English conversation: At home at last

Piera:	At home at last! Where is Stefano? Stefano, Stefano!
Stefano:	I'm here, mum. Hello, Alexandra.
Alexandra:	Hello Stefano, how are you?
Stefano:	Fine, thanks, and you?
Alexandra:	Not bad, thank you.
Carlotta:	Hello.
Piera:	This is Carlotta, Valentina and Stefano's grandmother. And this is Alexandra.
Carlotta:	What's that?
Piera:	This is Alexandra.
Alexandra:	It's a pleasure to meet you, Mrs. Carlotta.
Carlotta:	It's nice to meet you too, Alexandra, welcome. How's your mother?
Alexandra:	She's fine, thank you.
Piera (aside):	Grandmother is old and can't hear very well. She is 83 ...
Carlotta:	Not 83 yet.
Piera:	Yes, you're right, you're still 82 for another five weeks.
Carlotta:	And I am not deaf.

Grammar

stare	(to stay, remain)
io	sto
tu	stai
lui, lei, Lei	sta
noi	stiamo
voi	state
loro	stanno

How are you?

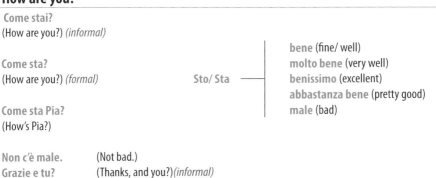

Come stai?
(How are you?) *(informal)*

Come sta?
(How are you?) *(formal)*   Sto/ Sta

Come sta Pia?
(How's Pia?)

bene (fine/ well)
molto bene (very well)
benissimo (excellent)
abbastanza bene (pretty good)
male (bad)

Non c'è male.   (Not bad.)
Grazie e tu?   (Thanks, and you?)*(informal)*
Grazie e Lei?   (Thanks, and you?)*(formal)*

avere	(to have)
io	ho
tu	hai
lui, lei, Lei	ha
noi	abbiamo
voi	avete
loro	hanno

Idioms:
avere fame *(to be hungry);* **avere sete** *(to be thirsty);* **avere nove anni** *(to be 9 years old).*

Adjectives

There are two types of adjectives in Italian:

type 1

masculine:	ending in *singular* -o	*plural* -i
feminine:	ending in *singular* -a	*plural* -e

Marco è italiano – Marco e Sandro sono italiani.
Maria è italiana – Maria e Sandra sono italiane.
But: Marco e Maria sono italiani.

type 2

Masculine and *feminine* adjectives in the *singular* **ending in -e** take the ending **-i** in the *plural.*

Marc è francese. Stephanie è francese.
Marc e Pierre sono francesi.
Stephanie e Amelie sono francesi.

Questions

The statement is simply intonated differently, with the voice rising towards the end of the sentence:

Statement: Valentina è italiana. (Valentina is Italian.)
Question: Valentina è italiana? (Is Valentina Italian?)

Exercises

Exercise 1

Fill in the correct form of stare.

1 Buongiorno, signora Lagosta, come ....?

2 Ciao Marco, come ....?

3 (Io) .... bene grazie, e tu?

4 Come .... Valentina?

5 La mamma .... bene, grazie.

6 Marco e Paolo .... molto bene.

7 Come .... ? Stiamo bene, grazie.

8 Marco non .... molto bene oggi.

Exercise 2

Which parts belong together?

1	Come sta	**a**	stanno molto bene.
2	La nonna	**b**	la nonna di Stefano.
3	Carlotta è	**c**	stai?
4	Come	**d**	Lei è Teresa Rossi?
5	Sandra e Guido	**e**	Silvia?
6	Scusi,	**f**	sta benissimo.

Exercise 3

Which of these phrases are formal and which are informal?

1 Come stai?

2 E Lei?

3 Buonasera.

4 Ciao, Marco.

5 Come sta?

6 Sto bene, grazie, e tu?

7 Non c'è male, grazie, e Lei?

Formal: .... Informal: ....

Exercise 4

Fill in the correct form of avere.

1 Marco .... un amico a Berlino.

2 Ingrid .... una figlia.

3 La nonna .... 82 anni.

4 Marco e Paolo .... una casa a Roma.

5 (Tu) Non .... una valigia?

Exercise 5

Write out your answer to the questions using the words in brackets.

1 Come stai? _____ (bene)

2 Dov'è Stefano? _____ (casa – nonna)

3 Questo è Marco? _____ (No – Paolo)

4 Sei stanca? _____ (Si – molto)

5 Valentina è tedesca? _____ (No)

Exercise 6

Which word doesn't belong?

1 buongiorno – ciao – come – buonasera

2 nonna – figlia – sorda – mamma

3 valigia – stazione – viaggio – anni

Exercise 7

Match each adjective to the respective country.

1 inglese	**a** Svizzera
2 francese	**b** Svezia
3 italiano	**c** Inghilterra
4 spagnolo	**d** Germania
5 tedesco	**e** Francia
6 svizzero	**f** Italia
7 giapponese	**g** Spagna
8 svedese	**h** Giappone

Exercise 8

Insert the correct adjective. Pay special attention to the endings!

Marco è .... (1) (Italia). Lui ha molti amici:

John è .... (2) (Inghilterra), Bernhard è .... (3) (Svizzera),

Valentina è .... (4) (Italia),

Anna e Teresa sono .... (5) (Spagna),

Hotohico è .... (6) (Giappone) e Simone, Pierre e Janine sono ....

(7) (Francia).

Numbers (0 – 10)

0 zero

1 uno

2 due

3 tre

4 quattro

5 cinque

6 sei

7 sette

8 otto

9 nove

10 dieci

Vocabulary

Below is a list of the vocabulary encountered in this chapter:

abbastanza	*enough, pretty much*	**ha 83 anni**	*he/she is 83 years old*
ancora	*still, yet*	**inglese**	*English*
anno *m*	*year*	**italiano**	*Italian*
avanti	*come in*	**male**	*bad*
avere	*to have*	**non ancora**	*not yet*
bene	*good, fine*	**non c'è male**	*not bad*
benissimo	*excellent*	**oggi**	*today*
buonasera	*good evening*	**Permesso?**	*May I?*
come	*how*	**sete** *f*	*thirst*
Come stai/sta?	*How are you?*	**settimana** *f*	*week*
	(informal/ formal)	**sordo**	*deaf, hard of hearing*
dove	*where*	**sottovoce**	*quietly*
e	*and*	**spagnolo**	*Spanish, Spaniard*
fame *f*	*hunger*	**stare**	*to stay, remain*
figlia *f*	*daughter*	**svedese**	*Swedish, Swede*
finalmente	*at last, finally*	**svizzero**	*Swiss*
francese	*French*	**tedesco**	*German*
già	*already*	**vecchio**	*old*
giapponese	*Japanese*		

The apartment

Day 3 sees you visiting a friend's apartment. You will learn about gender and number of nouns, how to express the definite and indefinite article (the and a/an), how to say "there is, there are", as well as numbers 11 to 20. Discover more about Italian hospitality.

ITALIAN HOSPITALITY...

Italians are excellent hosts and love to sit and talk and entertain family and friends. Meals can last for hours over several courses. You will come across two words in use in Italian for 'table' which may seem confusing at first: **il tavolo** *(p.33, 38) and* **la tavola** *(p.46, 51).* **La tavola** *is used with reference to meals, i.e. a dinner table or kitchen table and when issuing commands such as 'please clear the table'. However,* **il tavolo** *is used when booking a table in a restaurant and when describing a table as a piece of furniture or an object.*

Italian conversation: L'appartamento

Alexandra:	Complimenti! Avete una casa molto bella.
Piera:	Sì, è grande, ma c'è sempre molto lavoro.
Alexandra:	Questa è la camera di Valentina?
Piera:	Sì e qui, a destra, c'è la camera di Stefano.
Alexandra:	Dov'è la cucina?
Piera:	La cucina è qui in fondo. Hai fame, Alessandra?
Alexandra:	No, grazie, non ancora.
Piera:	Se hai sete, il frigorifero è sempre pieno: coca-cola, aranciata, tè freddo...
Alexandra:	Grazie, signora Simoni, Lei è davvero molto gentile.
Piera:	Poi qui a destra c'è il soggiorno, con la televisione. E qui a sinistra c'è la tua camera da letto, Alessandra.
Alexandra:	Oh, che carina!
Piera:	Poi ci sono due bagni e ...

English conversation: The apartment

Alexandra:	My compliments! You have a beautiful home.
Piera:	Yes, it's big, but it's a lot of work.
Alexandra:	Is that Valentina's room?
Piera:	Yes, and here to the right is Stefano's room.
Alexandra:	Where is the kitchen?
Piera:	The kitchen is at the back. Are you hungry, Alexandra?
Alexandra:	No thanks, not yet.
Piera:	If you are thirsty, the fridge is always full: cola, orangeade, iced tea ...
Alexandra:	Thank you, Mrs. Simoni, that's very kind of you.
Piera:	Here, to the right is the living room with the TV. And here, to the left is your room, Alexandra.
Alexandra:	Oh, how nice!
Piera:	Then there are two bathrooms and ...

Grammar

Nouns

You will have learnt on page 19 that most Italian nouns ending in **-o** are masculine and those ending in **-a** are feminine.

In addition, there is a third group of nouns ending in **-e**. Those nouns can be either masculine or feminine. Their plural form ends in **-i**. For example:

padre (father) = ending in **-e** = *masculine* *plural:* **padri**
madre (mother) = ending in **-e** = *feminine* *plural:* **madri**

The definite article

masculine		feminine	
singular	*plural*	*singular*	*plural*
il	i	la	le
il tavolo	i tavoli	la casa	le case
(the table)	(the tables)	(the house)	(the houses)

Exceptions:

Words starting with a **vowel** or **h** carry the article **l'** *(masculine and feminine),* in the *plural* **gli** *(masculine)* and **le** *(feminine).*
Words starting with **z, s+consonant, ps** or **gn** carry the article **lo** *(plural* **gli***)* for *masculine, feminine* **la – le**

masculine		feminine	
singular	*plural*	*singular*	*plural*
l'appartamento	gli appartamenti	l'idea	le idee
lo spagnolo	gli spagnoli	la spagnola	le spagnole
lo zio	gli zii	la zia	le zie

The indefinite article

masculine	feminine
un	una
un tavolo	una casa
(a table)	(a house)

Exceptions:

Feminine nouns starting with a **vowel** or **h** are preceded by **un'**, while masculine nouns retain **un**.
Masculine nouns starting with **z, s+consonant, ps** or **gn**, are preceded by **uno**, female nouns by **una**, e.g. **un appartamento, un'idea, uno spagnolo, una spagnola, uno zio, una zia.**

c'è... / ci sono ... (there is, there are)			
C'è	un bagno	**Ci sono**	due bagni
	una casa		tre case
	una signora		due signore

Exercises

Exercise 1

Masculine or feminine?

Fill in the correct form of the definite article and form the plural.

singular	plural
1 .... porta	....
2 .... letto	....
3 .... quadro	....
4 .... sedia	....
5 .... poltrona	....
6 .... tappeto	....
7 .... tavola	....

Now match each of the Italian words above to the corresponding English word below.

door – bed – armchair – carpet – picture – chair – table

Exercise 2

This is a slightly trickier version of exercise 1.

Consult the vocabulary section on page 36 if you need any help.

singular	plural
1 .... chiave	....
2 .... bicchiere	....
3 .... televisione	....
4 .... giornale	....
5 .... madre	....
6 .... padre	....

Now match each of the Italian words above to the corresponding English word below.

TV – glass – father – newspaper – mother – key

Exercise 3

Fill in the correct article.

il, l' or lo?		la or l'?	
1 .... armadio		7 .... camera	
2 .... bagno		8 .... amica	
3 .... hotel		9 .... zia	
4 .... treno		10 .... stazione	
5 .... appartamento		11 .... anitra	
6 .... svedese		12 .... fame	

Exercise 4

Add the indefinite article.

1	.... bagno	7	.... stazione
2	.... camera	8	.... amica
3	.... cucina	9	.... hotel
4	.... amico	10	.... aranciata
5	.... spagnolo	11	.... treno
6	.... zio	12	.... frigorifero

Exercise 5

Describe this studio apartment in Italian using the format below. It contains: an armchair, a bed, a table with two chairs and 6 glasses on it and a tablecloth, a television, a rug with a newspaper on it. There are 3 paintings on the wall.

C'è ....

....

....

....

....

Ci sono ....

....

....

....

....

Exercise 6

Form short sentences with the words listed in each line below, using the verb essere. Pay particular attention to the endings of the adjectives.

1 frigorifero – pieno

....

2 camera – di Valentina – non – grande

....

3 casa – Simona – bello

....

4 Marco – gentile

....

5 zia – Valentina – gentile

....

6 Alexandra – tedesco – biondo

....

7 stazione – grande

....

8 appartamenti – grandi

....

Numbers (11 to 20)

11 undici	**15** quindici	**19** diciannove
12 dodici	**16** sedici	**20** venti
13 tredici	**17** diciassette	
14 quattordici	**18** diciotto	

Vocabulary

Below is a list of the vocabulary encountered in this chapter:

a destra	*right*	**idea** *f*	*idea*
a sinistra	*left*	**in fondo**	*at the back, at the end*
amica *f*	*friend (female)*	**lavoro** *m*	*work*
appartamento *m*	*flat Br / apartment Am*	**letto** *m*	*bed*
aranciata *f*	*orangeade*	**madre** *f*	*mother*
armadio *m*	*wardrobe, cabinet*	**padre** *m*	*father*
bagno *m*	*bathroom*	**pieno**	*full*
bello	*pretty, beautiful*	**poi**	*then*
bicchiere *m*	*glass*	**poltrona** *f*	*armchair*
c'è/ci sono	*there is/are*	**porta** *f*	*door*
camera *f*	*room*	**quadro** *m*	*picture*
camera da letto *f*	*bedroom*	**se**	*if*
Che carino!	*How nice!*	**sedia** *f*	*chair*
chiave *f*	*key*	**sempre**	*always*
Complimenti!	*Congratulations!*	**soggiorno** *m*	*living room*
complimento *m*	*compliment*	**tappeto** *m*	*carpet*
cucina *f*	*kitchen*	**tavolo** *m*	*table*
davvero	*really*	**tè** *m*	*tea*
freddo	*cold*	**televisione** *f*	*TV*
frigorifero *m*	*refrigerator*	**treno** *m*	*train*
giornale *m*	*newspaper*	**tuo**	*your*
grande	*big, large*	**zia** *f*	*aunt*
hotel *m*	*hotel*	**zio** *m*	*uncle*

Making friends

Day 4 helps you learn how to describe people and what you like to do in your lesiure time. Learn to conjugate the present tense of verbs ending in -are, the present tense of fare (to do), numbers 21 to 100. Discover more about Italian families and traditions.

ITALIAN FAMILY LIFE...

The family plays a very prominent role in Italian life. Even today, many young Italians continue to live with their parents until they get married. Thereafter, the family network is traditionally relied upon to help with the upbringing of any children and to care for the elderly and sick. Given this tradition, many Italians have a strong affinity to their hometown and often chose to live nearby.

Italian conversation: Che tipo è Alessandra?

Alessandra è molto gentile e simpatica.
Ora lei abita a Milano, ma solo per tre mesi, per lavoro.
Alessandra è molto sportiva: gioca a tennis e a pallavolo e fa yoga. Suona anche il
pianoforte, ma non molto bene. Qualche volta guarda la televisione: lo sport e molti film.
E poi ama la natura: quando ha tempo fa lunghe passeggiate. E naturalmente ama anche
gli animali, soprattutto i gatti. Parla inglese, francese, italiano e tedesco. Per questo viaggia
molto per lavoro: spesso è a Parigi, a Londra e a Milano. Alessandra mangia volentieri la
pizza e i dolci, ma quando fa la dieta mangia solo insalata.

English conversation: What type of person is Alexandra?

Alexandra is very kind and likeable.
At the moment she lives in Milan, but only for three months, because of her job. Alexandra
is very athletic: She plays tennis and volleyball and does yoga. She also plays the piano,
but not very well. Occasionally she watches television: sport and lots of movies. And then
she loves nature: When she finds the time she goes on long walks. Of course she also loves
animals, above all cats. She speaks English, French, Italian and German. Therefore a lot of
her travels are job related; she's often in Paris, London and Milan. Alexandra likes eating
pizza and sweets, but when she goes on a diet, she eats only salad.

Grammar

Verbs

Regular verbs fall into one of three different conjugation groups, with three different endings in the infinitive. These are:

conjugation 1	conjugation 2	conjugation 3
-are	-ere	-ire

Conjugation 1 – present indicative

| | -are |
	parlare *(to speak)*
io	parlo
tu	parli
lui, lei, Lei	parla
noi	parliamo
voi	parlate
loro	parlano

Other verbs of this conjugation group include *lavorare, abitare, mangiare, viaggiare, guardare, amare ...*

fare	(to do)		
io	faccio	noi	*facciamo*
tu	fai	voi	*fate*
lui, lei, Lei	fa	loro	*fanno*

Fare is a verb with many uses. Becoming familiar with its different forms is important because they can be used in many different situations. For example:

fare	la spesa *(to go shopping)*
	la maglia *(to knit)*
	una passeggiata *(to go for a walk)*
	le vacanze *(to spend a holiday/ to go on vacation)*
	freddo/caldo *(the weather - to be cold/warm; it's cold = fa freddo)*

Exercise 1

Fill in the blanks.

	guardare		
io	guardo	mangio	
Carla			abita
Valentina e Franco	guardano		

Exercise 2

Insert the appropriate verb forms.

1 Paolo .... a tennis. (giocare)

2 Marina non .... gli animali. (amare)

3 Gli amici di Valentina non .... tedesco. (parlare)

4 Io .... inglese. (parlare)

5 (Tu) .... il pianoforte. (suonare)

6 Guido .... in un ristorante. (lavorare)

7 Valentina .... a Milano. (abitare)

8 (Noi) .... spesso la televisione. (guardare)

9 (Voi) .... la natura. (amare)

10 (Io) .... a Milano. (lavorare)

Exercise 3

Fill in the appropriate forms of fare.

1 Simona .... le vacanze a Sanremo.

2 Valentina e Stefano .... la spesa.

3 Che cosa .... (tu) stasera?

4 Oggi .... freddo.

5 (Voi) .... ancora yoga?

6 (Noi) .... una passeggiata.

Exercise 4

Complete the following text...

Che tipo è Valentina?

Valentina .... una ragazza .... Lei

a Milano .... 23 anni e non .... molto sportiv

italiano e inglese e .... molto bene la chitarra. Lei

sempre la dieta e .... insalata .... spesso la televisione e

yoga. Non .... volentieri passeggiate. La mamma e il papà di Valentina

.... a Milano e .... molto gentil

Exercise 5

Write something about Paolo using the following words.

amico – Valentina – abitare Milano – 25 anni – sportivo – parlare italiano – non suonare

chitarra – mangiare molti dolci – guardare – televisione.

Paolo è ....

....

Numbers (21 to 100)

21 ventuno	**25** venticinque	**29** ventinove	**50** cinquanta	**90** novanta
22 ventidue	**26** ventisei	**30** trenta	**60** sessanta	**100** cento
23 ventitre	**27** ventisette	**31** trentuno	**70** settanta	
24 ventiquattro	**28** ventotto	**40** quaranta	**80** ottanta	

Exercise 6

Write out the following numbers in full.

13	77	66
38	92	57
54	40	99
19	23	61
27	81	46

Vocabulary

Below is a list of the vocabulary encountered in this chapter:

abitare	to live	**maglia** f	t-shirt/ vest
amare	to love		(can also mean 'knitting')
anche	also	**mangiare**	to eat
animale m	animal	**mese** m	month
caldo	warm	**natura** f	nature
che	which/who	**naturalmente**	naturally
chitarra f	guitar	**papà** m	Dad
dieta f	diet	**parlare**	to speak
dolce m	sweets Br / candy Am	**passeggiata** f	walk
e(d)	and (the 'd' is added to	**per questo**	therefore
	make 'ed' when followed	**pianoforte** m	piano
	by a vowel	**pizza** f	pizza
fa freddo/ caldo	it is cold/ warm	**qualche volta**	sometimes
	(weather)	**quando**	when, if
fare	to do	**ristorante** m	restaurant
fare la maglia	to knit	**simpatico**	likeable
fare la spesa	to go shopping	**solo**	only
fare le vacanze	to to on holiday Br /	**soprattutto**	above all
	vacation Am	**spesa** f	shopping
film m	film, movie	**spesso**	often
gatto m	cat	**sport** m	sport
giocare	to play	**sportivo**	sporty, athletic
giocare a	to play	**suonare**	to play (an
pallavolo	volleyball		instrument), to ring
giocare	to play tennis	**tempo** m	time, weather
	a tennis	**tipo** m	type
guardare	to look	**vacanza** f	holiday Br / vacation Am
insalata f	salad, lettuce	**viaggiare**	to travel, journey
lavorare	to work	**volentieri**	gladly, like to

Mealtimes

Day 4 covers mealtimes. You will learn how to conjugate verbs ending in -ere and -ire. You will also learn numbers from 101, further develop and practice making sentences and talking about people, as well as tips about Italian eating habits.

MEALTIMES...

*Most Italians start their day with a cup of coffee (cappuccino, espresso). Lunch usually extends over two courses **il primo** – starters or appetizers, usually a plate of pasta – and **il secondo** – the second course of meat or fish with vegetables. Before dinner, friends often meet up in a bar for a drink or an aperitif. Dinner follows the same format as lunch with two courses. Mealtimes vary between the north and the south of the country. Lunch **(pranzo)** is taken between 12:30 and 1:30 p.m., while dinner **(cena)** can be from 7:30 to 8:30 p.m. In southern Italy, this can be later.*

Italian conversation: A tavola!

Valentina:	Mamma, ho fame. La cena è pronta?
Piera:	Sì, subito. Dov'è Stefano?
Valentina:	È in soggiorno con Alessandra. Sentono un po' di musica. Che cosa mangiamo stasera?
Piera:	Minestrone di verdura e saltimbocca alla romana. Stefano, Alessandra, la cena è pronta!!
Stefano:	Arriviamo, mamma. Il papà non torna a casa per cena?
Piera:	No, torna tardi. Ha molto lavoro.
Alexandra:	Buon appetito!
Tutti:	Grazie, altrettanto.
Alexandra:	Mmm, che buono questo minestrone!
Piera:	Grazie Alessandra. Preferisci l'acqua o il vino?
Alexandra:	Il vino, grazie, ma solo un bicchiere!
Piera:	Allora cin-cin, Alessandra.
Alexandra:	Alla vostra salute!
Piera:	Stefano, non spegni la televisione?
Stefano:	Non adesso, mamma, c'è lo sport.

English conversation: Dinner is ready!

Valentina:	Mum, I am hungry. Is dinner ready?
Piera:	In a minute. Where is Stefano?
Valentina:	He is in the living room with Alexandra. They are listening to music. What's for dinner tonight?
Piera:	Vegetable soup and (Roman-style) veal cutlets. Stefano, Alexandra, dinner is ready!
Stefano:	We're coming, mum. Is dad not coming home for dinner?
Piera:	No, he'll be back later. He's got a lot of work.
Alexandra:	Enjoy your dinner!
Alle:	Thanks, same to you.
Alexandra:	Hmmm, this vegetable soup is delicious!
Piera:	Thanks, Alexandra. Do you prefer water or wine?
Alexandra:	Wine, thank you, but just one glass.
Piera:	Cheers, Alexandra.
Alexandra:	To your health!
Piera:	Stefano, can't you turn off the TV?
Stefano:	Not now, mum, I'm watching sport.

Grammar

Verbs

Conjugation 2 and 3 – Present indicative

	2 -ere	3 -ire	
io	prendo	sento	preferisco
tu	prendi	senti	preferisci
lui, lei, Lei	prende	sente	preferisce
noi	prendiamo	sentiamo	preferiamo
voi	prendete	sentite	preferite
loro	prendono	sentono	preferiscono

A number of verbs from the **3rd conjugation** have the syllable – **isc** – between the stem and the ending. Among them are verbs such as **capire** *(to understand)*, **finire** *(to end)* and **pulire** *(to clean)*.

Exercise 1

Fill in the infinitive form.

1 capiscono ....

2 torna ....

3 finisce ....

4 vendono ....

5 sente ....

6 prendete ....

7 vedete ....

8 guarda ....

9 lavorate ....

10 credete ....

Exercise 2

Match the corresponding parts.

1 Stasera Marco

2 Voi

3 Come

4 Qualche volta

5 Silvia e Stefano

6 Noi

a guardo la televisione.

b sta la nonna?

c capiscono il francese?

d parlate tedesco.(io)

e non torna a casa.

f facciamo molto sport.

Exercise 3

Fill in the correct endings.

1 Stefano e Alexandra sent .... un po' di musica.

2 Il papà non torn.................... a casa stasera.

3 Donatella prefer .... la birra.

4 Sandra e Guido guard.................... la televisione.

5 (Tu) Cap .... l'italiano?

6 Tiziana pul .... la casa.

7 (Voi) Prend .... un caffè?

8 Alexandra arriv.......................... stasera.

Exercise 4

Fill in the correct verb forms of:

guardare – abitare – sentire – dormire – capire – preferire.

1 La nonna è sorda, non.......................... molto bene.

2 (Voi) .... molto bene l'inglese.

3 (Io) .... volentieri la televisione.

4 I ragazzi .... la birra.

5 Stefano non .... molto la notte.

6 Sergio e Pietro .... a Napoli.

Exercise 5

Write up a short text from the pieces of information provided in the table below.

The marked boxes indicate what the respective person is doing.

For example: Marco capisce il francese, non dorme molto e non guarda la TV.

	Marco	tu	Stefano e Valentina	la nonna
capire il francese	X	X		X
dormire molto		X	X	
guardare la tv		X		X

Exercise 6

Write the appropriate answers to the questions.

1 Il papà torna a casa stasera per cena? (No – tornare – tardi)

....

2 Stefano guarda la televisione? (No – sentire – musica)

....

3 Alexandra beve la birra? (No – preferire – acqua)

....

4 Simona parla tedesco? (Sì – tedesco – molto bene)

....

5 Hai fame? (Sì – fame)

....

Numbers 101 and upwards

101 centouno	**100.000** centomila	**5.000.000** cinque milioni
126 centoventisei	**1000** mille	**1.000.000.000** un miliardo
200 duecento	**2000** duemila	
300 trecento	**300.000** trecentomila	
1000 mille	**1.000.000** un milione	

Note that Italian uses a comma instead of a deciminal point when writing numbers, such as €1,50.

A period [full stop] or space is used to indicate thousands.

Exercise 7

Write out these numerical values.

1 Ottocentonovantaquattro

2 Seicentotrentacinque

3 Duecentoventisette

4 Tremilanovecentosettantasei

5 Unmilioneseicentonovantamilaquattrocento

6 Millesettecentocinquanta

7 Tremilionicentotrentamila

8 Seicentosessantasettemilasettecentosessantasei

Vocabulary

Below is a list of the vocabulary encountered in this chapter:

acqua *f*	*water*	**preferire**	*to prefer*
adesso	*now*	**primo** *m*	*(here:) first course*
alla salute	*to your health*	**pronto**	*ready*
altrettanto	*to you too*	**pulire**	*to clean*
appetito *m*	*appetite*		
arrivare	*to arrive*	**saltimbocca**	*veal cutlet, Roman-style*
birra *f*	*beer*	**alla romana** *f*	
buono	*good*	**salute** *f*	*to your health*
caffè *m*	*coffee*	**secondo** *m*	*(here:) second course*
capire	*to understand*	**sentire**	*to hear, feel*
cappuccino *m*	*coffee (with frothy milk)*	**spegnere**	*to arrange, agree*
cena *f*	*dinner*	**stasera**	*tonight*
che cosa	*what*	**subito**	*immediately*
cin-cin	*cheers*	**tardi**	*late*
credere	*to believe*	**tavola** *f*	*dinner table*
dormire	*to sleep*	**tornare**	*to return*
espresso *m*	*espresso*	**tv** *f*	*TV*
finire	*to end*	**un po' di (+noun)**	*a little*
minestrone *m*	*minestrone, vegetable soup*	**vedere**	*to watch, see*
		vendere	*to sell*
musica *f*	*music*	**verdura** *f*	*vegetable*
notte *f*	*night*	**vino** *m*	*wine*
per cena	*for dinner*	**vostro**	*your*

Test 1

Work your way around the board. Each correct answer will take you to the next question until you have completed the exercise. Enjoy!

1

Choose the correct answer on square 2, then go on to the square with the number of your answer.

2

John è un ragazzo ... .

inglese ▶ 8
ingleso ▶ 15

3

Wrong!

Go back to number 5.

8

Correct! Continue:
Marco ... la birra.
prefere ▶ 6
preferisce ▶ 25

9

Wrong!

Go back to number 25.

10

Wrong!

Go back to number 14.

11

Wrong!

Go back to number 29.

16

Good! Continue:
Ciao, come ... ?
stai ▶ 19
hai ▶ 18

17

Wrong!

Go back to number 19.

18

Wrong!

Go back to number 16.

19

Good! Continue:
... due camere da letto.
C'è ▶ 17
Ci sono ▶ 22

24

Wrong!

Go back to number 12.

25

Very good! Continue:
Marco ... 15 anni.
ha ▶ 14
è ▶ 9

26

Wrong!

Go back to number 30

27

Good! Continue:
Stefano e Marco sono ... .
italiane ▶ 23
italiani ▶ 12

4

Good! Continue:
... amico di
Valentina è a Londra.
L'   ▶ 20
Il   ▶ 7

5

Correct!
Continue:
Alexandra è ... .
biondo   ▶ 3
bionda   ▶ 13

6

Wrong!

Go back to
number 8.

7

Wrong!

Go back to
number 4.

12

Very good! Continue:
... zio di Paolo è
americano.
Lo 16
Il 24

13

Correct! Continue:
Marco ... un caffè.
prendo   ▶ 21
prende   ▶ 29

14

Very good! Continue:
Noi ... la televisione.
guardate   ▶ 10
guardiamo ▶ 30

15

Wrong!

Go back to
number 2.

20

Great! Continue:
In bagno c'è ...
specchio.
uno   ▶ 5
un   ▶ 28

21

Wrong!

Go back to
number 13.

22

Correct!

End of exercise!

23

Wrong!

Go back to
number 27.

28

Wrong!

Go back to
number 20.

29

Great! Continue:
Loro ... l'italiano.
capano   ▶ 11
capiscono ▶ 27

30

Correct! Continue:
... tappeto è verde.
Lo   ▶ 26
Il   ▶ 4

day:6

On the phone

Day 6 teaches you how to accept and make phone calls in Italian. Learn to conjugate the present tense of irregular verbs dare, dire, scegliere, tenere and salire. You will also learn the present tense of verbs ending in -care and -gare. Learn about special nouns that are the exception to the rule, and build your vocabulary even further.

MAKING FRIENDS...

When answering the phone in Italy, the standard response is **Pronto,** *which means 'I am ready/I am prepared'. This is used in both formal and informal contexts. To respond, you just need to greet the person and say who you are:* **Ciao, sono...** *In a more formal context, you can respond by saying 'Hello/ Good evening, this is...':* **Buongiorno/Buonasera, sono...**

Italian conversation: Una telefonata

Piera:	Pronto?
Paolo:	Buonasera signora, sono Paolo. C'è Valentina per favore?
Piera:	Ciao Paolo, un momento eh … Valentina, telefonooo!
	Tutto bene? I genitori come stanno?
Paolo:	Bene grazie, sono in vacanza.
Piera:	Oh, che bello! Ecco Valentina, a presto Paolo.
Valentina:	Ciao, come stai?
Paolo:	Benissimo e voi?
Valentina:	Qui tutto tranquillo! La mamma cucina,
	Stefano studia, io ascolto un po' di musica e Alessandra guarda
	un film. Papà non è ancora a casa.
Paolo:	Come sta Alessandra? È contenta?
Valentina:	Sì, molto. Domani andiamo in centro, così vede un po' Milano.
	E lunedì comincia a lavorare. E tu cosa fai?
Paolo:	In questi giorni lavoro molto, ma perché sabato non facciamo
	una passeggiata o prendiamo un caffè insieme al bar?
Valentina:	Un secondo, chiedo a Alessandra …Dice che è d'accordo.
Paolo:	Benissimo, allora scegliete voi se preferite la passeggiata o il caffè.
Valentina:	Va bene, un bacione!
Paolo:	Ciao!

English conversation: A telephone call

Piera:	Hello?
Paolo:	Good evening. This is Paolo. Is Valentina there?
Piera:	Hello Paolo, just a moment … Valentina, telephone!
	Everything OK? How are your parents?
Paolo:	Fine thanks, they're on holiday (vacation).
Piera:	Oh, how nice! Here's Valentina, see you soon Paolo.
Valentina:	Hi, how are you?
Paolo:	Great, and what about you?
Valentina:	Everything's quiet around here! Mum's cooking, Stefano is
	studying, I am listening to some music and Alexandra is watching
	a movie. Dad is not home yet.
Paolo:	How is Alexandra? Is she happy?
Valentina:	Yes, very much so. Tomorrow we're going to the city centre so that
	she can see a little of Milan. She's starting work on Monday.
	And how are you doing?

Paolo:	I've got a lot of work these days, why don't we go for a walk on Saturday or have coffee together at a bar?
Valentina:	Just a second, I'll ask Alexandra ... She says that's fine with her.
Paolo:	Great, then you decide whether you'd rather go for a walk or have coffee.
Valentina:	OK, big kiss to you!
Paolo:	Bye!

Grammar

Irregular verbs

	dare (to give)	dire (to say)	scegliere (to choose)
io	do	dico	scelgo
tu	dai	dici	scegli
lui, lei, Lei	dà	dice	sceglie
noi	diamo	diciamo	scegliamo
voi	date	dite	scegliete
loro	danno	dicono	scelgono

	tenere (to hold, keep)	salire (to go/come up)
io	tengo	salgo
tu	tieni	sali
lui, lei, Lei	tiene	sale
noi	teniamo	saliamo
voi	tenete	salite
loro	tengono	salgono

Verbs ending in -care and -gare

Verbs ending in -care and -gare have an -h inserted before the ending -i or -e.

	giocare (to play)	pagare (to pay)
io	gioco	pago
tu	giochi	paghi
lui, lei, Lei	gioca	paga
noi	giochiamo	paghiamo
voi	giocate	pagate
loro	giocano	pagano

Special nouns

Nouns ending in -a that are *masculine:*	il cinema
	il problema
Nouns ending in -o that are *feminine:*	la radio

Some nouns share the same masculine and feminine form. Among these are nouns ending in
-ista or -ante:

il dentista la dentista

il cantante la cantante

Special plural forms

masculine						
-io	-i	il negozio	i negozi	**but:**	lo zio	gli zii
-co	-chi	il tedesco	i tedeschi	**but:**	l'amico	gli amici
-go	-ghi	il lago	i laghi			
-co	-ci	l'austriaco	gli austriaci	*(if the stress is on the third*		
-go	-gi	l'asparago	gli asparagi	*last syllable)*		

feminine				
-ca	-che	l'amica	le amiche	
-ga	-ghe	la strega	le streghe	
-cia	-ce	l'arancia	le arance	*(if preceded by a consonant)*
-gia	-ge	la spiaggia	le spiagge	*(if preceded by a vowel)*
-cia	-cie	la camicia	le camicie	
-gia	-gie	la valigia	le valigie	

no change			
	il caffè	i caffè	*(if the last vowel is stressed or the if*
	la città	le città	*the noun ends in a consonant)*
	il bar	i bar	
But also:	il cinema/i cinema		
	la foto/le foto		

irregular plurals	
l'uomo	gli uomini
l'uovo	le uova

Exercises

Exercise 1

Complete the sentences by filling in the correct verb forms.

1 Maria _____ (dare) la chitarra a Giovanni.

2 Che cosa (voi) _____ (scegliere)?

3 (Io) _____ (tenere) le bibite in frigorifero.

4 Oggi _____ (pagare) noi la cena.

5 I genitori di Fabio _____ (giocare) volentieri a tennis.

6 Laura _____ (salire) le scale a piedi.

7 Scusa, che cosa (tu) _____ (dire)?

8 (pagare) _____ tu o (pagare) _____ io?

Exercise 2

Match the corresponding parts to form sentences.

1 Alexandra dice	**a** prendete?
2 Dove tengono	**b** che è d'accordo.
3 Perché non sali	**c** a tennis?
4 Giochi volentieri	**d** le sigarette?
5 Che cosa	**e** in macchina?
6 Preferisci	**f** i genitori?
7 Come stanno	**g** acqua o vino?

Exercise 3

Complete the crossword puzzle.

CRUCIVERBA

Orizzontali	Verticali
4 dire (io)	**1** dare (tu)
5 dire (loro)	**2** tenere (voi)
8 pagare (noi)	**3** scegliere (loro)
9 tenere (io)	**4** dare (lei)
11 salire (io)	**5** dare (noi)
12 scegliere (lui)	**6** pagare (voi)
13 salire (voi)	**7** giocare (noi)
14 giocare (tu)	**10** dare (voi)

Exercise 4

Put these sentences into the plural.

1 La valigia è leggera.

2 Il film è interessante.

3 La foto è molto bella.

4 L'arancia è buona.

5 Il medico è bravo.

6 L'amico di Marco è simpatico.

7 L'armadio è grande.

8 Il lago è vicino.

Exercise 5

Three short dialogues have been mixed up. Can you separate them again?

Preferisci acqua o vino?

No, grazie, non ancora.

Ecco. Allora cin-cin!

I genitori stanno bene?

Dov'è la cucina?

Che bello!

La cucina è qui a destra. Hai fame?

Vino, grazie.

Sì grazie, sono in vacanza.

1 ....

....

....

....

....

2 ....

....

....

....

3 ....

....

....

....

Vocabulary

Below is a list of the vocabulary encountered in this chapter:

a piedi	on foot	**lago** m	lake
a presto	see you soon	**lunedì** m	Monday
allora	so, then	**momento** m	moment
arancia f	orange	**negozio** m	shop, store
ascoltare	to listen, hear	**o**	or
asparago m	asparagus	**pagare**	to pay
austriaco m	Austrian	**per favore**	please
bacione m	big kiss	**perché**	why, because
bar m	(coffee) bar	**prendere**	to take
bibita f	drink	**problema** m	problem
bravo	good	**pronto**	hello (on the phone)
camicia f	shirt	**radio** f	radio
cantante m/f	singer	**sabato** m	Saturday
centro m	centre	**salire**	to go/come up
che	that	**scala** f	stair
Che bello!	How nice!	**scegliere**	to choose, select
chiedere	to ask	**scusa**	excuse me/sorry
cinema m	cinema	**secondo** m	second
città f	city, town	**sigaretta** f	cigarette
cominciare	to start	**spiaggia** f	beach
contento	happy, satisfied	**strega** f	witch
cucinare	to cook	**studiare**	to study, learn
d'accordo	agreed	**telefonata** f	telephone call
dare	to give	**telefono** m	telephone
dentista m/f	dentist	**tenere**	to hold
dire	to say	**tranquillo**	calm, quiet
domani	tomorrow	**tutto**	all, whole
foto f	photo	**uomo** m	human being, man
genitori m/pl	parents	**uovo** m	egg
giorno m	day	**va bene**	OK
in questi giorni	these days	**vicino**	near (by)
insieme	together		
interessante	interesting		

The family

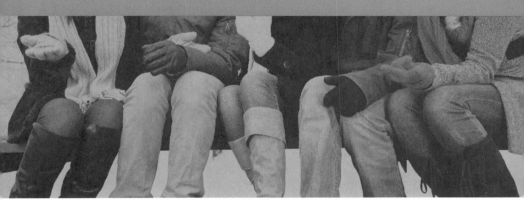

Day 7 sees explores the Italian family structure. You will learn how to describe your own family in detail, how to ask more involved questions, and how to express different times of the day. You will further grow your vocabulary and be able to practice what you have learnt in the exercises.

ITALIAN FAMILIES...

Contrary to popular belief, the Italian extended family has become a thing of the past. For years now Italy has ranked as one of the countries with the lowest birth rate. The nuclear family with its single child has become the standard family size. One major factor in this development is the number of women who are pursuing their career. To the Italian sentiment though, **la famiglia** *still stands as a cherished institution.*

Italian conversation: La famiglia Simoni

La famiglia Simoni comprende cinque persone: la nonna Carlotta, la mamma Piera, il papà Luigi e i figli Valentina e Stefano.

La signora Carlotta è la mamma di Luigi; da tre anni vive con la famiglia del figlio perché ha alcuni problemi di salute e non è più giovane. Ma anche a ottantatre anni ha ancora molti interessi: guarda i film romantici alla televisione e cucina molto volentieri.

Piera è casalinga e quando ha un po' di tempo libero dipinge o incontra le amiche per prendere un tè insieme. Luigi è dentista, lavora molto ma guadagna anche bene. È tifoso di calcio e qualche volta, come molti altri italiani, a domenica guarda la partita alla televisione; lui e la moglie amano molto l'opera.

Valentina ha 23 anni e studia economia. È fidanzata con Paolo. Ascolta volentieri musica rock con gli amici; ama sciare d'inverno e nuotare al mare d'estate. Stefano ha 18 anni e frequenta l'ultimo anno di liceo. Legge molto, soprattutto libri di storia e ama viaggiare.

La famiglia Simoni vive a Milano in un grande appartamento, non proprio in centro ma in un quartiere molto tranquillo. I Simoni hanno anche una piccola casa per le vacanze in montagna.

English conversation: The Simoni family

There are five people in the Simoni family: grandmother Carlotta; Piera, the mother; Luigi, the father; and Valentina and Stefano, the children.

Mrs. Carlotta is Luigi's mother. She has been living with her son's family for three years now because she has some health problems and because she is not so young any more. Yet even at the age of 83 she still has many interests: she watches romantic movies on TV and she enjoys cooking very much.

Piera is a housewife and in her spare time she enjoys painting or meeting with friends to have a cup of tea together. Luigi is a dentist and he works a lot but also has a good income. He is a soccer fan, who, like many other Italians, sometimes watches games on TV on Sunday. He and his wife also love the opera.

Valentina is 23 years old and is studying economics. She is Paolo's girlfriend. She enjoys listening to rock music with her friends, she loves to go skiing in the winter and swimming in the sea in the summer. Stefano is 18 years old and is in his last year of secondary school. He reads a lot, above all history books, and he loves to travel.

The Simoni family lives in a large apartment in Milan, not close to the centre of town but in a very quiet neighbourhood. The Simoni family also has a small holiday home in the mountains.

Grammar

Questions

Chi?	Who?	Chi è?
		È Stefano, il fratello di Valentina.
Che cosa?	What?	Che cosa/Che/Cosa mangi?
Che?		Mangio una banana.
Cosa?		
Dove?	Where?	Dov'è la cucina?
		La cucina è qui a destra.
Come?	How?	Come sta Piera?
		Sta bene, grazie.
Perché?	Why?	Perché non mangi la pizza?
		Perché sono a dieta.
Quando?	When?	Quando guardi la televisione?
		Qualche volta, la sera.
Quale?	Which?	Quale/Che vino prendi,
Che?		rosso o bianco?
		Rosso, grazie.
Quanto/a/i/e	How much?	Quanto costa? Dieci euro.
	How many?	Quanti figli ha? Tre.
		Quanti anni ha? Trentacinque.

The regular order of words in questions with interrogative pronouns is:

Interrogative pronoun + verb + subject:

Che cosa fa Maria?

For questions without an interrogative pronoun, simply add a question mark at the end

(see page 24 for more)

	Franco è italiano?	**question**
	Franco è italiano.	**statement**

How often?

non....mai	never	Non mangio mai la pasta.
raramente	seldom	Leggo raramente.
qualche volta	occasionally	Qualche volta prendo l'autobus.
spesso	often	Lavoro spesso la domenica.
sempre	always	Parlo sempre italiano.

Times of the day

il mattino/la mattina	early morning/morning
il pomeriggio	afternoon
la sera	evening
la notte	night

Exercises

Exercise 1

Fill in the correct interrogative pronouns.

1 .... suoni il pianoforte? La domenica.

2 .... fate d'estate? Facciamo un viaggio.

3 .... fate le vacanze? In Francia.

4 .... anni ha la nonna? Ottantatre.

5 .... studi l'italiano? Perché è una bella lingua.

6 .... è la signora con la valigia? È la signora Bruni.

7 .... camera hai? La camera numero dodici.

8 .... stai? Non c'è male.

Exercise 2

Answer the following questions as in the example given.

Quando guardi la televisione?   (mai)

Non guardo mai la televisione.

1 Quando fate una passeggiata?   (spesso)

....

2 Quando mangi gli spaghetti?   (mai)

....

3 Quando legge il giornale Marco?   (sempre)

....

4 Lavori il sabato?   (qualche volta)

....

5 Viaggiate spesso?   (raramente)

....

Exercise 3

Repeat the three different forms of conjugations using these three new verbs.

fumare *(to smoke)*, chiudere *(to close)*, aprire *(to open)*

	FUMARE	CHIUDERE	APRIRE
io			
tu			
lui, lei, Lei			
noi			
voi			
loro			

Exercise 4

Calculate the numbers below and write out the result in words.

1 $35 + 42 =$

2 $69 + 110 =$

3 $1.350 + 800 =$

4 $7.500 + 5.400 =$

5 $41 + 86 =$

6 $10.900 + 4.700 =$

Exercise 5

The list includes a number of familiar words.

Fill in the definite article and then give the plural form.

1 .... mamma ....
2 .... spagnolo ....
3 .... animale ....
4 .... bagno ....
5 .... aranciata ....
6 .... vacanza ....
7 .... televisione ....
8 .... appartamento ....
9 .... bar ....
10 .... valigia ....

Exercise 6

Rephrase the sentences by putting the nouns into the plural.

1 La signora ha una macchina.

....

2 L'appartamento è piccolo.

....

3 Il gatto sta bene.

....

4 Il libro è interessante.

....

5 La ragazza gioca a tennis.

....

6 Mangio sempre la pizza.

....

7 L'amica di Mara è gentile.

....

Vocabulary

Below is a list of the vocabulary encountered in this chapter:

alcuni	*a few*	**liceo** *m*	*secondary school*
altro	*other*		*(high school)*
aprire	*to open*	**lingua** *f*	*language*
autobus *m*	*bus*	**macchina** *f*	*car*
banana *f*	*banana*	**mai**	*never*
bianco	*white*	**mare** *m*	*sea*
calcio *m*	*football (soccer)*	**mattina** *f*	*morning*
casalinga *f*	*housewife*	**mattino** *m*	*early morning*
chi	*who*	**moglie** *f*	*wife*
chiudere	*to close*	**montagna** *f*	*mountain*
comprendere	*to consist of /*	**numero** *m*	*number*
	to understand	**nuotare**	*to swim*
costare	*to cost*	**opera** *f*	*opera*
d'estate	*in the summer*	**partita** *f*	*match Br / game Am*
d'inverno	*in the winter*	**pasta** *f*	*pasta*
da tre anni	*for three years*	**persona** *f*	*person*
	(e.g. I've worked here...)	**piccolo**	*small*
dipingere	*to paint*	**più**	*more*
domenica *f*	*Sunday*	**pomeriggio** *m*	*afternoon*
economia *f*	*economics*	**proprio**	*straight, exact*
famiglia *f*	*family*	**quale**	*which*
fidanzato	*engaged*	**quanto**	*how much*
figlio *m*	*son*	**quartiere** *m*	*neighbourhood*
fratello *m*	*brother*	**raramente**	*seldom*
frequentare	*to visit*	**romantico**	*romantic*
fumare	*to smoke*	**rosso**	*red*
giovane	*young*	**sciare**	*to ski*
guadagnare	*to earn*	**sera** *f*	*evening*
in montagna	*in the mountains*	**storia** *f*	*history*
incontrare	*to meet*	**tempo libero** *m*	*free time, leisure time*
interesse *m*	*interest*	**tifoso** *m*	*football Br / soccer Am fan*
leggere	*to read*	**ultimo**	*last*
libro *m*	*book*	**vivere**	*to live*

The city

Day 8 explores Italian cities and stores and services. Learn the present tense of the verbs andare and venire as well as prepositions in, a, di, and da and how to use them. Learn the ordinal numbers (first, second, third, etc.).

SHOPPING IN ITALY...

*When shopping in Italy, note that virtually all stores **close between 1:00 and 3:00 p.m. for lunch**. If you need to change money, bear in mind that banks are usually only open in the morning and for an hour in the afternoon. Shops are generally open on Saturday afternoons; some are open on Sundays. Although the number of large supermarket chains and department stores is increasing in Italy, the majority of Italians still prefer to do their shopping in small family-owned boutiques.*

Italian conversation: A Milano in giro per negozi

Alexandra: Valentina! Sono qui!
Valentina: Ciao Alessandra, come stai?
Alexandra: Bene, grazie. Allora, vieni in centro a fare un giro per negozi?
Valentina: Sì, vengo volentieri, così faccio anche qualche commissione.
               Prendiamo il tram?
Alexandra: Forse la metropolitana è più veloce. D'accordo?
Valentina: D'accordo, andiamo.
Alexandra: Quanti negozi di abbigliamento! E tutti molto eleganti!
Valentina: Eh sì e ... costosi! Guarda che bel vestito azzurro; è di Giorgio
               Armani.
Alexandra: Sì, ma anche la ditta dove lavoro io fa vestiti molto belli e più a
               buon mercato!
Valentina: Hai proprio ragione. Senti, io vado in banca e poi in farmacia a
               comprare una medicina. Fai un giro da sola?
Alexandra: Certo, a più tardi.
Valentina: Ciao.
Alexandra: Scusi, c'è una libreria qui vicino?
1°Passante: Mi dispiace signorina, non lo so, non sono di Milano.
Alexandra: Non importa, grazie ... Scusi, c'è una libreria da queste parti?
2°Passante: Sì, sempre diritto e poi la seconda strada a destra, no ... a sinistra.
               La libreria è sull'angolo.
Alexandra: Grazie mille. Arrivederci.
2°Passante: Prego, arrivederci.

English conversation: A stroll through downtown Milan

Alexandra: Valentina! Over here!
Valentina: Hello Alexandra, how are you?
Alexandra: Fine, thanks. Do you want to come with me for a stroll through
               the city?
Valentina: Sure, I'd love to and I can run a few errands.
               Shall we take the tram?
Alexandra: The subway might be quicker, OK?
Valentina: OK, let's go.
Alexandra: So many clothing stores! And they're all so elegant!
Valentina: Oh yes, and ... expensive! Look here, what a marvellous blue
               dress; it's from Giorgio Armani.

Alexandra:	Yes, but the company where I work also makes nice clothes and what's more, they are cheaper!
Valentina:	You're absolutely right. Listen, I have to go to the bank and then to the chemist's (pharmacy) to buy some medicine. Can you walk around on your own?
Alexandra:	Sure, see you later.
Valentina:	Bye.
Alexandra:	Excuse me, is there a bookshop around here?
1st passer-by:	I am sorry, Miss, I don't know, I am not from Milan.
Alexandra:	That's OK, thanks ... Excuse me, is there a bookshop in the area?
2nd passer-by:	Yes, straight ahead and then the second street on the right, no ... left. The bookshop is at the corner.
Alexandra:	Thank you very much. Goodbye.
2nd passer-by:	You're welcome, goodbye.

Grammar

andare	(to go, drive)		
io	vado	noi	andiamo
tu	vai	voi	andate
lui, lei, Lei	va	loro	vanno

venire	(to come)		
io	vengo	noi	veniamo
tu	vieni	voi	venite
lui, lei, Lei	viene	loro	vengono

Prepositions

Sono/vado	in	*Italia.*	(in/to Italy)
I am/go	in	*centro*	(in/into the centre)
I am/go	in	*ufficio*	(in/into the office)
I am/go	in	*treno, macchina*	(in the train/by car)
Sono/vado	a	*Napoli.*	(in/to Naples)
I am/go	a	*casa*	(at home/home)
I am/go	a	*teatro*	(in/to the theatre)
I am/go	a	*letto*	(in/to bed)
I am/go	a	*piedi*	(on foot)

In is used with country names, a with city names.

Sono	di	*Palermo.*	(I'm from Palermo.)
Vado	da	*Barbara.*	(I'm going to Barbara.)

Ordinal numbers

1 primo	**5** quinto	**9** nono
2 secondo	**6** sesto	**10** decimo
3 terzo	**7** settimo	**11** undicesimo
4 quarto	**8** ottavo	**100** centesimo

From eleven upwards, ordinal numbers are formed by dropping the last letter of the cardinal number and adding the ending -esimo:

e.g. dodici = dodicesimo

Ordinal numbers agree in gender and number with the noun that they refer to:

la prima strada	the first street
il primo giorno	the first day

Exercises

Exercise 1

Fill in the correct form of andare.

1 Marina e Laura .... a lavorare.

2 (Io) .... a letto molto tardi.

3 Domenica Paolo .... in centro.

4 (Tu) .... sempre a Palermo in vacanza.

5 Anche noi .... a scuola.

6 Sabato sera Anna .... da Alberto.

7 (Voi) .... spesso a teatro in taxi.

Exercise 2

Various verb forms of venire are concealed in the grid below. Find them.

They can be written from left to right, top to bottom or in any direction diagonally.

Consult the vocabulary section if you need any help.

a	v	e	n	g	o	m	i	v
t	v	e	h	i	l	v	g	e
t	p	g	n	l	i	e	z	n
v	v	e	v	i	e	n	e	i
h	i	n	f	g	t	a	v	t
v	e	n	i	a	m	o	n	e
o	i	v	e	n	g	o	n	o

Exercise 3

Complete the following sentences by inserting a, di, in or da.

1 Matteo e Luca vanno .... Firenze .... treno.

2 Jane è .... Boston ma abita .... Verona.

3 Vengo .... casa subito.

4 Roberto va .... Paola a cena.

5 Quando vai .... ufficio?

6 Luisa va .... letto presto.

Exercise 4

andate – facciamo – guardo – hanno – sei – vengono – ama – prende – stanno.

1 Laura e Giorgio .... molto bene.

2 Questa sera (io) .... un film alla televisione.

3 (Loro) .... a casa in macchina.

4 E tu Manuela, ... di Venezia?

5 Dove (voi) .... in vacanza?

6 Franco .... lo sport.

7 Il papà e la mamma di Elena .... una casa a Roma.

8 Anna .... spesso la metropolitana.

9 Oggi (noi) .... una passeggiata con gli amici.

Exercise 5

Match the answer to the corresponding question.

1 Scusi, c'è un ristorante qui vicino?

2 Andiamo a piedi?

3 Mi scusi, dov'è la chiesa di San Paolo?

4 Come stai?

5 Questo è Sandro?

a Non c'è male.

b Mi dispiace, non lo so.

c No, in tram.

d No, è Giovanni, un amico di Valentina.

e Sì, sempre diritto, la prima strada a destra, è un ristorante cinese.

Exercise 6

Which word is the odd one out in the selection below?

1 cucina – camera da letto – tavolo – bagno

2 mamma – figlia – nonna – ragazza

3 inglese – Germania – francese – italiano

4 pizza – lasagne – aranciata – insalata

5 ciao – grazie – buonasera – arrivederci

Vocabulary

Below is a list of the vocabulary encountered in this chapter:

a buon mercato	cheap	**hai proprio**	you are
a più tardi	see you later	**ragione**	absolutely right
abbigliamento m	clothing	**lasagne** f pl	lasagne
		libreria f	bookshop
andare	to go, drive	**medicina** f	medicine, drugs
angolo m	corner	**metropolitana** f	subway
arrivederci	goodbye	**non importa**	it doesn't matter, it's not
azzurro	blue		important, that's OK
banca f	bank	**non lo so**	I don't know
certo	certainly, sure	**più veloce**	quicker, faster
cinese	Chinese	**prego**	you're welcome,
commissione f	errand		my pleasure, please
comprare	to buy	**qualche**	some
costoso	expensive	**qui vicino**	nearby
da queste parti	in this area	**sapere**	to know
da solo	alone	**strada** f	street
ditta f	company	**sull'angolo**	at the corner
diritto	straight ahead	**taxi** m	taxi
elegante	elegant	**teatro** m	theatre
fare un giro per...	to go for a stroll...	**tram** m	tram
negozi	shops	**ufficio** m	office
farmacia f	chemist's Br	**veloce**	fast, quick
	/pharmacy Am	**venire**	to come
giro m	stroll, tour	**vestito** m	dress
grazie mille	many thanks		

At the office

Day 9 explores working in Italy. You will also learn the days of the week, how to tell and ask the time, as well as reflexive verbs to help you talk about your daily routine. All the additional vocabulary you need features at the end of the chapter.

GETTING TO WORK...

*The public transport systems in Italian cities are often not as extensive as in other European cities. Commuters **(pendolari)**, therefore, have to spend considerable time getting to and from work. Many employees consequently drive to work, which in turn regularly causes traffic jams and gridlock on the major roads during rush hour **(ora di punta)**.*

Business hours, especially for offices, generally start at 9:00a.m. and employees finish between 5:00 and 6:00p.m.

Italian conversation: Primo giorno in ufficio

Oggi è lunedì: il primo giorno di lavoro di Alessandra.

Alle sette (7.00) si alza, fa la doccia e fa colazione con la famiglia Simoni. A colazione tutti prendono solo un tè o un caffè con alcuni biscotti; anche Alessandra non ha molta fame perché è un po' nervosa a causa del nuovo lavoro. Ma è già così tardi! Alessandra prende di corsa la metropolitana per andare in ufficio dove arriva puntuale, alle otto e mezza (8.30).

E che sorpresa! L'ufficio è nuovo, i colleghi e le colleghe sono molto simpatici, il lavoro davvero interessante e … il tempo vola! Sono già le dodici e trenta (12.30); Alessandra e Laura, la segretaria del direttore, vanno insieme a pranzo in mensa. Poi per un espresso al bar »Roma«, dove fanno amicizia con Marco, un ragazzo molto

simpatico. Marco è medico e lavora lì vicino in un ospedale; invita Alessandra a uscire con lui mercoledì prossimo.

Anche il pomeriggio passa velocemente e alle cinque (17.00) Alessandra torna a casa.

La signora Simoni prepara una buona cena per festeggiare il primo giorno di lavoro di Alessandra; dopo cena, alle nove e mezzo (21.30), i ragazzi guardano un vecchio film con Sofia Loren alla tv. Un vecchio film, ma che brava attrice! Alle undici (23.00) Alessandra va a letto: è molto stanca ma contenta.

English conversation: The first day at the office

Today is Monday: Alexandra's first day at work. She gets up at seven in the morning, takes a shower and has breakfast with the Simoni family. Everyone has just a cup of tea or coffee and a few biscuits (biscotti) for breakfast; Alexandra is not very hungry because she feels a little nervous about her new job. Oh dear, it's already late!

Alexandra rushes to catch the subway which takes her to the office where she arrives right on time, at half past eight.

And what a nice surprise! The office is new, the colleagues are all very nice, the job is really interesting and … time just flies by! It's already half past twelve. Alexandra and Laura, the director's secretary, go to have lunch together at the cafeteria. Afterwards they have coffee at the bar "Roma" where they make friends with Marco, a really nice young man. Marco is a doctor and works in a nearby hospital. He invites Alexandra to go out with him next Wednesday. The afternoon also whizzes by and at five o'clock Alexandra goes home.

Mrs. Simoni prepares a fine meal to celebrate Alexandra's first day at work. After dinner at nine thirty, the young people watch an old movie with Sophia Loren on TV. It may be an old movie, but what an actress! At eleven o'clock Alexandra goes off to bed.

She is very tired but happy.

Grammar

Reflexive verbs

	lavarsi			to wash onself	
io	mi	*lavo*	I	wash	myself
tu	ti	*lavi*	you	wash	yourself
lui, lei, Lei	si	*lava*	he, she,	washes	him/herself
			you (formal)	wash	yourself
noi	ci	*laviamo*	we	wash	ourselves
voi	vi	*lavate*	you *(plural)*	wash	yourselves
loro	si	*lavano*	they	wash	themselves

Reflexive verbs carry the object pronouns mi, ti, si, ci, vi, si. They are positioned in front of the conjugated verb.

Mi lavo alle sette.	I wash myself at seven.

In the infinitive, the pronouns are attached to the verb:

lavarsi.	to wash oneself
vestirsi.	to dress (oneself)

Some verbs are reflexive in Italian but not in English:

chiamarsi	to call
alzarsi	to get up
svegliarsi	to wake up
addormentarsi	to fall asleep

The days of the week

lunedì	Monday
martedì	Tuesday
mercoledì	Wednesday
giovedì	Thursday
venerdì	Friday
sabato	Saturday
domenica	Sunday

The days of the week are usually listed without an article, except for days with a regularly recurring action.

Oggi è sabato.	It is Saturday today.
La domenica vado al cinema.	I go to the cinema on Sundays.

Telling the time

Che ora è? Che ore sono? What time is it?

È l'una. (1:00/13:00)
Sono le nove. (9:00/21:00)
Sono le nove e cinque. (9:05)
Sono le nove e un quarto. (9:15)
Sono le nove e mezza/o. (9:30)
Sono le dieci meno venti. (9:40)
Sono le dieci meno un quarto. (9:45)
È mezzogiorno. (12:00)
È mezzanotte. (24:00)

A che ora? At what time?

A mezzogiorno. (12:00)
Alle sette. (7:00)

Exercise 1

Complete the text by filling in the correct verb forms in the 1st person singular.

La mattina (alzarsi) .... alle sette, (andare) .... in bagno, (vestirmi)

.... e poi (fare) .... colazione.

Alle otto e mezzo (portare) .... mio figlio Luca a scuola e (andare) ....

a lavorare. (Essere) .... impiegata in un ufficio dove (lavorare) ....

fino alle due. Il pomeriggio (fare) .... la spesa, (prendere)

.... un caffè con le amiche, (riposarsi) ....

e spesso (leggere) .... un buon libro. Alle sette e mezza (mangiare) ....

con Luca e poi (giocare) .... con lui. Più tardi (guardare) ....

un film alla televisione o (andare) .... a teatro con amici. A mezzanotte (andare) ....

a letto e (addormentarsi) ....

Exercise 2

Using the following example, write short sentences.

Alexandra – impiegata – 9.00

Alexandra è impiegata e va a lavorare alle nove.

1 Mario – medico – 8.15

....

2 Franca – cameriera – 16.00

....

3 Silvia – insegnante – 8.30

....

4 Andrea – architetto – 9.15

....

5 Francesco – cantante – 10.00

....

6 Teresa – infermiera – 6.45

....

7 Sara – dentista – 9.30

....

Exercise 3

Fill in the correct forms of the reflexive verbs.

1 La signora Rossi.............................. (addormentarsi) sempre alle dieci.

2 Laura e Mario.............................. (svegliarsi) molto presto.

3 (Noi).............................. (alzarsi) alle sette e mezza,..............................

(vestirsi) e poi andiamo a lavorare.

4 (Io).............................. (chiamarsi) Renzo.

5 (Voi) non.............................. (riposarsi)?

Exercise 4

Che ora è? Write out the following times.

1   6.35..

2   21.03...

3   9.15..

4   24.00...

5   11.40...

6   13.30...

7   15.10...

8   12.00...

9   8.00..

Exercise 5

Arrange the words to form complete sentences.

1 la metropolitana – non – ma va – a piedi – Alexandra – prende – in ufficio.

....

2 si – poi – lava – fa colazione – Valentina – si alza – e – alle sette.

....

3 alla televisione – Masi – un film – Dopo cena – guarda – la famiglia.

....

4 chiama – La nuova – si – di Alexandra – amica – Laura.

....

5 a letto – A mezzanotte – va – perché – Alexandra – è stanca.

....

Vocabulary

Below is a list of the vocabulary encountered in this chapter:

a causa di	because of	**lì**	there
addormentarsi	to fall asleep	**martedì** m	Tuesday
alzarsi	to get up	**medico** m	doctor
amicizia f	friendship	**mensa** f	cafeteria
architetto m	architect	**mercoledì** m	Wednesday
attore m	actor	**mezzanotte** f	midnight
attrice f	actress	**mezzogiorno** m	midday
biscotto m	biscuit Br/ cookie Am	**nervoso**	nervous/ irritable
cameriera f	waitress	**nuovo**	new
Che ora è?	What time is it?	**ora di punta** f	rush hour
Che sorpresa!	What a surprise!	**ora** f	hour
chiamarsi	to call oneself	**ospedale** m	hospital
colazione f	breakfast	**passare**	to go by (time)
collega m/f	colleague	**pendolare** m	commuter
di corsa	in a hurry	**portare**	to bring
direttore m	director	**pranzo** m	lunch
doccia f	shower	**preparare**	to prepare
dopo	after(wards)	**prossimo**	next
fare amicizia	to make friends	**puntuale**	on time
fare la doccia	to take a shower	**ragazzo** m	boy, young man
festeggiare	to celebrate	**riposarsi**	to rest oneself
fino a	until	**segretaria** f	secretary
giovedì m	Thursday	**svegliarsi**	to wake up
il tempo vola	time flies	**uscire**	to go out
impiegata f	employee	**velocemente**	quick, fast
infermiera f	nurse	**venerdì** m	Friday
insegnante m/f	teacher	**vestirsi**	to dress oneself
invitare	to invite	**volare**	to fly
lavarsi	to wash oneself		

The restaurant

Day 10 explores eating out and Italian culture and etiquette with regard to paying the bill. You will become familiar with the verbs and vocabulary necessary to talk about food and drink, and learn posessive pronouns.

PAYING THE BILL...

*Never ask for separate bills for individuals or a group table in an Italian restaurant; either one person pays for it all – albeit in the expectation that it is his turn to be invited the next time – or the bill is divided up internally among those sitting at the table (**pagare alla romana**). The traditional male-female role model still prevails in that the man is expected to pay. A tip (**la mancia**) for the waiter is usual, though there is no set rule about the amount. Never add the tip to the bill, though; simply put it on the table after you've paid.*

Italian conversation: La sera, in un locale

Marco:	Ci sediamo a questo tavolo, va bene?
Alexandra:	Certo. Che bel locale, vieni spesso qui?
Marco:	Sì, è il mio locale preferito; l'ambiente è simpatico, il mercoledì e il sabato suona un gruppo jazz molto bravo e poi è vicino a casa mia.
Cameriere:	Buonasera, che cosa desiderate?
Marco:	Io ho fame, vorrei ... un piatto di tagliatelle verdi e da bere una birra scura media. E tu Alessandra, prendi qualcosa?
Alexandra:	Sì, volentieri. Vorrei un succo di frutta e un gelato misto.
Cameriere:	Va bene.
Alexandra:	Marco, che cosa fai di solito nel tuo tempo libero?
Marco:	Lavoro molto in ospedale in questo periodo, ma quando ho un po' di tempo leggo volentieri un buon libro, ascolto musica jazz e gioco a tennis con mio fratello e con due colleghi di lavoro.
Alexandra:	Anch'io gioco a tennis, ma qui a Milano non conosco nessuno.
Marco:	Vieni a giocare con noi, giochiamo sempre il sabato mattina alle dieci.
Alexandra:	È un'ottima idea. Vengo senz'altro.
Marco:	Oh, ecco il tuo gelato e il succo di frutta. E questa è la mia pasta e la birra. Grazie.
	Ah, scusi vorrei ancora un'acqua minerale naturale.
Cameriere:	Arriva subito.
Alexandra:	Sei d'accordo se andiamo a casa? È già piuttosto tardi.
Marco:	Certo, anch'io sono un po' stanco.
	Cameriere, il conto per favore.
Cameriere:	Fanno diciannove euro.
Marco:	Ecco a Lei. Arrivederci.
Cameriere:	Arrivederci e grazie.
Alexandra:	Grazie per l'invito e la bella serata Marco.
	Allora, ci vediamo sabato per il tennis?
Marco:	Sì, ti telefono venerdì sera.
Alexandra:	Ok. A venerdì.
Marco:	Ciao e buonanotte.

English conversation: An evening at a restaurant

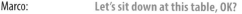

Marco:	Let's sit down at this table, OK?
Alexandra:	Sure. What a lovely restaurant. Do you come here often?
Marco:	Yes, it's my favourite restaurant; the atmosphere is nice. On Wednesdays and Saturdays they have a very good jazz band playing, and it's very close to my place.
Waiter:	Good evening, what would you like?
Marco:	I'm hungry; I'd like ..."tagliatelle verdi" and a half a litre of dark beer. And what about you Alexandra, are you going to have something?
Alexandra:	Yes, I'd like fruit juice and mixed ice cream.
Waiter:	OK.
Alexandra:	Marco, what do you normally do in your spare time?
Marco:	At the moment I work long hours at the hospital but when I have a little spare time, I enjoy reading a good book, listening to jazz and playing tennis with my brother and two colleagues from work.
Alexandra:	I also play tennis but I don't know anyone here in Milan.
Marco:	Come and play with us, we always play Saturday mornings at 10.
Alexandra:	That's a great idea. I'll definitely come.
Marco:	Oh, here's your ice cream and fruit juice. And that's my pasta and the beer. Thank you. Excuse me, I would also like a non-carbonated mineral water.
Waiter:	Coming right up.
Alexandra:	Is it OK with you if we go home? It's already pretty late.
Marco:	Of course, I am a little tired, too. Waiter, the bill please.
Waiter :	That'll be 19 euros.
Marco:	Here you are. Goodbye.
Waiter:	Goodbye and thank you.
Alexandra:	Thanks for the invitation and the nice evening, Marco. Well, we'll see each other for tennis on Saturday then?
Marco:	Yes, I'll call you Friday evening.
Alexandra:	OK, until Friday.
Marco:	Ciao and good night.

Grammar

bere	(to drink)		
io	bevo	noi	beviamo
tu	bevi	voi	bevete
lui, lei, Lei	beve	loro	bevono

Possessive pronouns

singular

masculine		feminine	
il mio	my (mine)	la mia	my (mine)
il tuo	your(s)	la tua	your(s)
il suo	his/her(s)/your(s)	la sua	his/her(s)/your(s)
il nostro	our(s)	la nostra	our(s)
il vostro	your(s)	la vostra	your(s)
il loro	their(s)	la loro	their(s)

plural

masculine		feminine	
i miei	my (mine)	le mie	my (mine)
i tuoi	your(s)	le tue	your(s)
i suoi	his/her(s)/your(s)	le sue	his/her(s)/your(s)
i nostri	our(s)	le nostre	our(s)
i vostri	your(s)	le vostre	your(s)
i loro	their(s)	le loro	their(s)

In Italian the possessive pronouns take their gender and number from the object they refer to.

il suo letto	his/her bed
la sua casa	his/her house

Loro remains unchanged.

Possessive pronouns are normally used with the definite article in Italian.

la mia macchina   my car

Exception: the article is omitted with relatives.

mio padre   my father

Always use the article:

– with loro   la loro figlia   their daughter

– with names of relatives in the plural

         i vostri figli   your sons

– with exactly defined names of relatives or with affectionate forms

il mio fratello maggiore   my oldest brother

la mia mammina   my mum

The article can be omitted when referring to a possession that has been previously mentioned, in which case essere + possessive pronoun **are used.**

Di chi è questa bicicletta?   Whose bicycle is this?

È (la) mia.   It belongs to me./It is mine.

The possessive pronoun can also be used without an article in various idiomatic expressions:

Mamma mia!   Oh my God./Oh dear!

A casa mia.   At my place.

Exercise 1

Complete the sentences by filling in the correct form of the possessive pronoun – with or without the article.

mio

1 Oggi vado a giocare a golf con _____ amica Silvia.

2 _____ collega è davvero antipatico.

3 Carla viene a cena a casa _____

4 Faccio un giro in centro con _____ fratelli.

tuo

1 Di chi è questo vestito? È _____ ?

2 Vado due settimane a San Remo con _____ sorella.

3 Sono belle _____ fotografie?

4 _____ padre ti telefona domani.

nostro

1 Vado a fare una passeggiata con _____ bambine.

2 Ecco _____ amici italiani!

3 _____ televisione è rotta.

4 _____ fratelli si chiamano Marco e Luigi.

vostro

1 _____ casa è molto bella.

2 Come stanno _____ sorelle?

3 _____ lavoro è davvero interessante.

4 Dove sono _____ valigie?

Exercise 2

Fill in the correct form of suo and loro.

1 Antonella e Ivano vanno a trovare................................ genitori.

2 Sono i libri di Gabriele? Sì sono................................

3 Maria ascolta................................ dischi di musica classica.

4 I signori Rossi vengono a Monaco con................................ macchina.

5 Lei abita a casa di................................ sorella.

6 Laura e Marta amano................................ nonni.

Exercise 3

Which parts belong together?

1 Vorrei   **a** gioco a tennis con mia sorella.

2 Scusi,   **b** grazie.

3 Buonasera, che cosa   **c** il mio bar preferito.

4 Mille   **d** una coca-cola, per favore.

5 La domenica   **e** c'è un ristorante qui vicino?

6 Questo è   **f** prendete?

Exercise 4

Use the correct form of bere to create complete sentences.

Il tuo amico Marco		un caffè
Tu		un'aranciata
Paola		un martini
Voi	**bere**	un tè
Andrea e Luca		una cioccolata
Noi		un cognac
Io		un'acqua minerale
I miei genitori		un cappuccino

Exercise 5

Write out the following numbers in full.

1   89 ....

2   146 ....

3   1.580 ....

4   120.000 ....

5   376 ....

6   5.300.000 ....

7   2.610 ....

8   21.000 ....

Exercise 6

Form four groups, each consisting of four related words.

letto	metropolitana	zucchini	fratello
zio	autobus	sedia	arancia
broccoli	macchina	treno	tavolo
insalata	lampada	figlia	nonno
....	....	....	....
....	....	....	....
....	....	....	....
....	....	....	....
....	....	....	....

Vocabulary

Below is a list of the vocabulary encountered in this chapter:

acqua minerale naturale f	still water	**locale** m	restaurant, bar
ambiente m	atmosphere	**mancia** f	tip
anch'io	me too	**media**	(here:) half a litre of beer
antipatico	unpleasant	**mio**	my, mine
bambino m	child	**non nessuno**	no one
bere	to drink	**nonni** m pl	grandparents
bicicletta f	bicycle	**ottimo**	excellent
broccolo m	broccoli	**periodo** m	time, period
buonanotte	good night	**piatto** m	plate, dish
cameriere m	waiter	**piuttosto**	rather
ci vediamo	we'll see each other	**preferito**	favourite
cioccolata f	hot chocolate	**qualcosa**	something
conoscere	to know, get to know	**rotto**	broken
conto m	bill Br /check Am (in restaurant)	**scuro**	dark
		senz'altro	definitely
desiderare	to wish, desire	**serata** f	evening
di solito	normally	**sorella** f	sister
fotografia f	photo	**succo di frutta** m	fruit juice
gelato misto m	mixed ice cream	**tagliatelle** f pl	tagliatelle pasta
golf m	golf	**telefonare**	to phone Br / to call Am
gruppo m	group	**ti telefono**	I'll call you
invito m	invitation	**verde**	green
lampada f	lamp	**vorrei**	I would like to
		zucchino m	courgette Br / zucchini Am

Test 2

Work your way around the board. Each correct answer will take you to the next question until you have completed the exercise. Enjoy!

1

Choose the correct answer on square 2, then go on to the square with the number of your answer.

2

... in treno.
Ando   ▶ 9
Vado   ▶ 13

3

Wrong!

Go back to number 24.

8

Great! Continue:
Vado a pranzo ...
da mia figlia   ▶ 27
dalla mia figlia   ▶ 19

9

Wrong!

Go back to number 2.

10

Correct!
Continue:
Sandro ... alle sette.
ti alzi   ▶14
si alza   ▶22

11

Wrong!

Go back to number 22.

16

Wrong!

Go back to number 13.

17

Good! Continue:
Prendo le tue ... .
valigie   ▶25
valige   ▶12

18

Great! Continue:
... fai stasera?
Chi   ▶30
Che   ▶6

19

Wrong!

Go back to number 8.

24

Good! Continue:
Kurt e Andreas sono ... .
tedeschi   ▶15
tedesci   ▶3

25

Correct!
End of exercise!

26

Wrong!

Go back to number 4.

27

Correct! Continue:
Sara e Luca ... a casa domani.
vengono   ▶4
veniamo   ▶7

4

Great!
Continue:
A che ora vai ... letto?
in   ▶26
a   ▶17

5

Wrong!

Go back to
number 20.

6

Good! Continue:
Vado a lavorare
alle ... (8.30).
otto e mezza ▶ 8
nove e mezza ▶ 28

7

Wrong!

Go back to
number 27.

12

Wrong!

Go back to
number 17.

13

Good! Continue:
... anni hai?
Quali   ▶16
Quanti   ▶24

14

Wrong!

Go back to
number 10.

15

Correct! Continue:
Rita va ...
ufficio a piedi.
in   ▶10
a   ▶23

20

Very good! Continue:
Noi ... a tennis.
giociamo   ▶5
giochiamo   ▶29

21

Wrong!

Go back to
number 29.

22

Very good! Continue:
Sono ... Napoli.
da   ▶11
di   ▶20

23

Wrong!

Go back to
number 15.

28

Wrong!

Go back to
number 6.

29

Great! Continue:
I signori Donati
prendono ... macchina.
la sua   ▶21
la loro   ▶18

30

Wrong!

Go back to
number 18.

By the sea

It's time for a break. Day 11 covers holidays and leisure in Italy. You will learn the modal verbs volere, potere and dovere (to express things you would like, might andbe able to do), essential vocabulary for activities and exercises to help you practice what you have learnt.

HOLIDAYS...

In Italy, August is the holiday month: not only do most offices and factories close down, but virtually all shops are **chiuso per ferie**. *The 15th of August, called* **Ferragosto**, *is the peak of the holiday season when the Italian cities are more or less abandoned! Italians enjoy traveling throughout the year. Going on short vacations between two weekends,* **fare il ponte**, *is very popular also when there is a public holiday mid-week and one can take two days additional vacation.*

Italian conversation: Un fine settimana al mare

Alexandra:	Che cosa fai questo fine settimana?
Valentina:	Niente di speciale, e tu? Devi lavorare?
Alexandra:	No, voglio fare una gita, forse visitare una città.
	Vuoi venire con me?
Valentina:	Perché no? Però fa un po' troppo caldo per passare il fine
	settimana in città!
Alexandra:	Ho un'idea! Perché non andiamo due giorni al mare? Possiamo
	prendere il treno venerdì pomeriggio e tornare domenica sera.
Valentina:	È un'ottima idea. Possiamo andare a Lerici; conosco una piccola
	pensione vicino alla spiaggia, è tranquilla e costa poco.
	Devo prenotare due camere?
Alexandra:	Sì, e io compro i biglietti e prenoto i posti in treno.
Valentina:	Che bello! Possiamo andare in spiaggia, prendere il sole,
	nuotare, andare al ristorante e poi voglio anche andare dalla
	mia amica Elisabetta. Non vedo l'ora!
Receptionist:	Pensione Rosina, buongiorno.
Valentina:	Buongiorno, vorrei prenotare due camere singole per venerdì e
	sabato.
Receptionist:	Mi dispiace abbiamo solo camere doppie o matrimoniali.
Valentina:	Allora prendo una doppia, per favore. Ha il bagno?
Receptionist:	Sì, e anche un balcone con vista sul mare.
Valentina:	Quanto costa?
Receptionist:	Cinquantacinque euro a notte, compresa la prima colazione.
Valentina:	Va bene, allora grazie e ... a venerdì.
Receptionist:	Grazie a Lei. Buona giornata.

English conversation: A weekend by the sea

Alexandra:	What are you doing over the weekend?
Valentina:	Nothing special, and you? Do you have to work?
Alexandra:	No, I want to take a trip, maybe visit a city.
	Do you want to come along?
Valentina:	Why not? But it's a little too hot to spend the weekend in the city.
Alexandra:	I have an idea! Why don't we go to the seaside for two days?
	We could take the train on Friday afternoon and come back
	Sunday evening.
Valentina:	That's a great idea. We could go to Lerici. I know a little guesthouse
	right by the beach. It is quiet and not expensive.

	Shall I reserve two rooms?
Alexandra:	Yes, and I'll buy the tickets and book the seats on the train.
Valentina:	How lovely! We can go to the beach, lie in the sun, swim and go to the restaurant. And then I also want to visit my friend Elisabetta. I can hardly wait!
Receptionist:	Guesthouse Rosina, good morning.
Valentina:	Good morning, I would like to book two single rooms for Friday and Saturday.
Receptionist:	I am sorry, but we only have double rooms and rooms with double beds.
Valentina:	Well I'll take a double room, please. Does it have a bathroom?
Receptionist:	Yes, and also a balcony with a sea view.
Valentina:	How much is it?
Receptionist :	55 euros per night, including breakfast.
Valentina:	OK, thank you ... see you Friday.
Receptionist:	Thank you too. Have a nice day.

Grammar

Sapere

io	so	noi	*sappiamo*
tu	sai	voi	*sapete*
lui, lei, Lei	sa	loro	*sanno*

The verb sapere means both, *to know* as well as *to be able to* in which case it is used with an infinitive construction:

Non lo so.	I don't know.
Non so nuotare.	I cannot swim.

Modal verbs

	potere	volere	dovere
io	*posso*	*voglio*	*devo*
tu	*puoi*	*vuoi*	*devi*
lui,lei,Lei	*può*	*vuole*	*deve*
noi	*possiamo*	*vogliamo*	*dobbiamo*
voi	*potete*	*volete*	*dovete*
loro	*possono*	*vogliono*	*devono*

The verbs volere, dovere, potere, are used with the infinitive:

> Devo andare a casa.   *I have to go home.*

Potere means *to be able to* and *to be allowed to.*
Dovere means *must/to have to.*
Vorrei is often used instead of voglio as a more polite form:

> Vorrei un caffè.   *I would like a coffee.*

Prepositions + definite article

	il	lo	l'	la	i	gli	le
di	del	dello	dell'	della	dei	degli	delle
a	al	allo	all'	alla	ai	agli	alle
da	dal	dallo	dall'	dalla	dai	dagli	dalle
in	nel	nello	nell'	nella	nei	negli	nelle
su	sul	sullo	sull'	sulla	sui	sugli	sulle

When the prepositions di, a, da, in, su are used with the definite article they combine into one word:
a + il = al mare
The preposition con can also be combined with the articles il and i:

> Faccio una passeggiata col cane/coi cani.
> I go for a walk with the dog/dogs.

Exercises

Exercise 1

Fill in the correct form of the modal verb.

(Io) _____ (volere) comprare un biglietto per Venezia. (Io)

_____ (potere) partire sabato mattina ma _____ (dovere)

già tornare lunedì sera. (Io) _____ (dovere) comprare un

dizionario perché non _____ (sapere) parlare bene l'italiano.

Exercise 2

Repeat exercise 1 again, this time fill in the 3rd person singular and plural.

(Lui) _____

_____

(Loro) _____

_____

Exercise 3

Complete the sentences with the verb forms provided.

volete – so – puoi – devo – dovete – sappiamo – posso – vogliono.

1 Se (voi) .... andare in macchina .... pagare la benzina.

2 (Loro) .... comprare una casa nuova.

3 Mi dispiace, non .... venire al cinema, ... lavorare.

4 (Noi) non .... giocare a tennis.

5 (Tu) .... aprire la porta?

6 (Io) .... parlare bene l'inglese.

Exercise 4

Fill in the correct form of the preposition + the definite article.

A

Andiamo .... mare. Vengo .... stazione.

Vanno .... mercato. Vado .... zoo.

DI

Tom è il cane .... mia amica. Questo è il bar .... albergo. Prendi i libri

.... studenti.

DA

Va .... dentista. Veniamo .... stazione. Vado

.... miei amici.

IN

La sedia è .... nostra camera. La birra è .... frigorifero. Vado

.... musei.

SU

Il giornale è .... tavolo. La camera ha un balcone ....

mare. I fiori sono .... scrivania.

Exercise 5

Which prepositions – with or without an article – are missing?

1 Vado................................Genova..treno.

2 Pietro e Susanna vanno........cinema.. loro amici francesi.

3 Sei................................Milano? Sì ma vivo........................Napoli.

4 Per favore, vai........................supermercato e compra una bottiglia ....vino.

Exercise 6

Che cosa fa Giovanni questa settimana?

Write short sentences.

Lunedì mattina alle otto e mezza Giovanni va all'università.

	mattina	pomeriggio	sera
lunedì	8.30 Università	16.30 medico	
martedì			teatro
mercoledì		19.30 tennis!	
giovedì			opera
venerdì	11.15 parco		
sabato		13.00 pranzo da Carla	
domenica		16.00 partita di calcio	

Vocabulary

Below is a list of the vocabulary encountered in this chapter:

a notte	per night	**non vedo l'ora**	I can hardly wait
balcone m	balcony	**parco** m	park
benzina f	petrol Br / gasoline Am	**passaporto** m	passport
biglietto m	ticket	**pensione** f	guesthouse
bottiglia f	bottle	**però**	but
camera doppia f	double room	**poco**	a little
camera matrimoniale f	room with a double bed	**ponte** m	bridge
		posto m	position, place
camera singola f	single room	**potere**	to be able/ allowed to
cane m	dog	**prendere il sole**	to lie in the sun
compreso	inclusive	**prenotare**	to book, reserve
con me	with me	**prima colazione** f	breakfast
dizionario m	dictionary	**scrivania** f	desk
dovere	to have to, must	**sul mare**	by the sea
ferie f pl	holidays	**supermercato** m	supermarket
fiore m	flower	**troppo**	too much
giornata f	day	**università** f	university
gita f	trip	**visitare**	to visit
mercato m	market	**vista** f	view
museo m	museum	**volere**	to want
niente	nothing	**zoo** m	zoo
niente di speciale	nothing special		

Monday morning

Following on from the previous chapter, Day 12 helps you to discuss your weekend activities in work Monday morning — the weekend's football results are a major topic too. You will learn how to form the perfect (past) tense, and practice using it. You will also further expand your vocabulary.

MONDAY MORNING CONVERSATION...

Monday morning there is but one topic of conversation in most of Italy: **calcio** *– football (soccer). Be prepared! On Sunday afternoon you'll notice how many Italians walk around with headphones and other devices so that they can tune into the action. As the week progresses everything revolves around tips and forecasts for the* **schedina del Totocalcio** *(football lottery ticket). The latter in itself has become something of a national sport!*

Italian conversation: Il lunedì in ufficio

Laura:	Ciao Alessandra.
Alexandra:	Ciao.
Laura:	Sei in ritardo oggi!
Laura:	Sono in ritardo perché non ho sentito la sveglia. Ieri sera sono andata a letto molto tardi.
Laura:	Ah ah, e che cosa hai fatto?
Alexandra:	Ho passato il fine settimana con Valentina al mare e siamo arrivate a casa solo a mezzanotte.
Laura:	Dove siete state?
Alexandra:	A Lerici, in Liguria.
Laura:	E che cosa avete fatto di bello? Sicuramente avete preso il sole, sei abbronzata.
Alexandra:	Eh sì, il tempo è stato davvero bello, ma non siamo state solo al sole. Sabato siamo andate a visitare il paese e poi abbiamo fatto una gita in barca; la sera abbiamo mangiato dell'ottimo pesce in un ristorante all'aperto e dopo siamo andate a ballare con degli amici di Valentina. Domenica abbiamo dormito fino a tardi e poi siamo andate ancora un po' in spiaggia; abbiamo preso il sole e giocato a pallavolo! Mi sono proprio divertita!
Laura:	Che fortuna! Se penso che io sabato ho lavorato tutto il giorno ...
Alexandra:	Oh, mi dispiace. E ieri che cosa hai fatto?
Laura:	Sono andata da mia sorella, sul lago di Como e alla sera al cinema con il mio ragazzo.
Alexandra:	Allora hai passato anche tu una bella domenica.
Laura:	Eh sì, ma purtroppo oggi è lunedì e dobbiamo proprio cominciare a lavorare!

English conversation: Monday in the office

Laura:	Hello Alexandra.
Alexandra:	Hello.
Laura:	You're late today!
Alexandra:	I'm late because I didn't hear the alarm. I went to bed very late last night.
Laura:	I see, and what did you do?
Alexandra:	I spent the weekend at the seaside with Valentina and we got back only at midnight.

Laura:	Where did you stay?
Alexandra:	In Lerici, in Liguria.
Laura:	And what nice things did you do?
	You must have been sunbathing; you have a tan.
Alexandra:	Sure, the weather was really nice, but we didn't only lie around in the sun. On Saturday we went to the country and then we took a boat trip.
	In the evening we had excellent fish in an outdoor restaurant and then went dancing with some friends ofValentina's. On Sunday we slept late and then went to the beach where we lay in the sun and played volleyball. I really enjoyed myself!
Laura:	Lucky you! I was just thinking that I had to work all day Saturday ...
Alexandra:	Oh, I am sorry. What did you do yesterday?
Laura:	I went to see my sister at Lake Como, and in the evening I went to the movies with my boyfriend.
Alexandra:	Well then, you had a nice Sunday as well.
Laura:	Yes I did, but unfortunately it's Monday today and we really have to start working!

Grammar

Perfect tense

		mangiare		**andare**
io	ho	mangiato	sono	andato/a
tu	hai	mangiato	sei	andato/a
lui, lei, Lei	ha	mangiato	è	andato/a
noi	abbiamo	mangiato	siamo	andati/e
voi	avete	mangiato	siete	andati/e
loro	hanno	mangiato	sono	andati/e

In Italian the perfect tense is formed with the present of the auxiliary verbs avere or essere and the past particple of the respective verb.

Past participles are formed from the stem of the infinitive.

1 conj.	-ato	mangiare	mangiato
2 conj.	-uto	avere	avuto
3 conj.	-ito	dormire	dormito

Many verbs have irregular past participles.

essere	stato	stare	stato	fare	fatto
leggere	letto	venire	venuto	vedere	visto
aprire	aperto	scrivere	scritto	perdere	perso
prendere	preso	mettere	messo	chiedere	chiesto
chiudere	chiuso	rispondere	risposto		

Past participles formed with avere remain unchanged:

> Laura ha lavorato molto.
> Marco e Pietro hanno lavorato molto.

Past participles formed with essere, however, agree with the gender and number of the subject:

> Carlo è andato a scuola.
> Silvia è andata a scuola.
> Aldo e Gino sono andati a scuola.
> Anna e Assunta sono andate a scuola.

Exercises

Exercise 1

Fill in the missing infinitives and past participles.

1 guardare ....

2 .... letto

3 scrivere ....

4 .... chiuso

5 dormire ....

6 .... aperto

7 essere ....

8 .... suonato

9 prendere ....

10 .... visitato

Exercise 2

Complete the following sentences by inserting the past participle.

Pay close attention to the endings!

1 fare   Maria ha .... una gita in montagna.

2 sentire   (Io) ho .... musica classica tutta la domenica.

3 andare   Matteo e Paolo sono .... a Torino.

4 prendere   (Voi) avete .... il sole in spiaggia.

5 lavorare   Non (loro) hanno .... ieri?

6 essere   La nonna non è mai .... in America.

7 arrivare   (Noi) siamo .... alle nove e mezza.

8 chiudere   (Tu) hai .... la finestra?

Exercise 3

Rewrite the sentences below in the perfect tense.

avere	essere
1 Tua madre guarda la tv.	**2** (Io) vado al mare.
3 Tu senti la radio.	**4** (Voi) tornate a casa.
5 (Loro) prendono il tram.	**6** Massimo viene con noi.
7 (Noi) apriamo la porta.	**8** Loro arrivano alle sette.

Exercise 4

Rewrite the following sentences in the perfect tense:

Lisa mette i vestiti nell'armadio.

Lisa ha messo i vestiti nell'armadio.

1 Rispondo alla lettera di mio papà.

2 (Tu) chiedi al cameriere una birra.

3 Nora perde l'autobus.

4 Massimo scrive un libro di storia.

5 (Noi) mettiamo la televisione in soggiorno.

Exercise 5

Form the past tense of the verbs and rearrange the sentences in their proper sequence.

1 Al pomeriggio Francesco legge un libro e Alberta scrive alcune lettere.

2 Arrivano a casa alle undici e mezzo e vanno subito a letto.

3 Alberta e Francesco fanno colazione a letto.

4 All'una vanno insieme a pranzo dalla zia di Alberta.

5 Alle otto vanno a teatro e poi a cena in un ristorante messicano.

6 Dopo colazione Alberta va in chiesa e Francesco fa una passeggiata in centro.

Che cosa hanno fatto domenica Alberta e Francesco?

1 Alberta e Francesco hanno fatto colazione a letto.

2

Exercise 6

Choose the appropriate prepositions:

alla	a	in	nell'	dallo
dai	di	del	sul	con

1 La lampada è .... tavolo.

2 I signori Battaglia sono andati .... banca.

3 I bicchieri sono .... armadio.

4 Siamo andati .... piedi.

5 Questa è la bicicletta .... mia sorella.

6 Antonio e Vincenzo vanno .... loro genitori.

7 Mia sorella è andata al mare .... Nicola.

8 Venite anche voi .... stazione.

9 Stasera vado .... zio a cena.

10 Questo è Paolo, il figlio .... nostro dottore.

Vocabulary

Below is a list of the vocabulary encountered in this chapter:

abbronzato	tanned	**mettere**	to put
all'aperto	outdoors	**paese** m	village, country(side)
America f	America	**pensare**	to think
ballare	to dance	**perdere**	to lose, miss
barca f	boat, ship	**pesce** m	fish
Che fortuna!	Lucky you!	**purtroppo**	unfortunately
chiesa f	church	**rispondere**	to answer
classico	classic /classical	**ritardo** m	delay
divertirsi	to have fun, enjoy	**scrivere**	to write
dottore m	GP Br /doctor Am	**sicuramente**	certain
essere in ritardo	to be late	**sul lago**	at the lake
finestra f	window	**sveglia** f	alarm clock
ieri	yesterday	**tifoso** m	(sports)fan
lettera f	letter	**tutto il giorno**	the whole day
messicano	Mexican		

Relatives

Day 13 is all about your family and relatives. You will learn how to talk about them and start discussing future plans to visit them abroad. You will also learn more on how to use the perfect (past) tense, as well as the months, seasons and dates.

IMMIGRATION...

Virtually everyone in Italy has an ancestor who emigrated to the USA or Argentina in the last 100 years. Yet now Italy itself has become a country full of immigrants, legal and illegal. As its long coast lines are hard to patrol, Italy is experiencing a wave of illegal immigrants from non-EU countries, the so-called **extracomunitari.** *Support for these immigrants comes mainly from private initiatives and associations rather than the government.*

Italian conversation: Lo zio d'Americai

Alexandra:	Stefano, ieri sera ho guardato le vecchie fotografie della vostra famiglia e in una c'è un signore coi baffi davanti alla statua della libertà a New York. Ma chi è?
Stefano:	Ah, è il famoso zio Gianni.
Alexandra:	Uno zio? E perché è famoso?
Stefano:	A dire la verità non è mio zio, è lo zio della mamma ed è famoso perché ha avuto una vita piuttosto movimentata.
Alexandra:	Davvero? Racconta!
Stefano:	È nato in piccolo paese vicino a Milano, il 3 febbraio 1910 (millenovecentodieci) – lo so perché il 3 febbraio è anche il mio compleanno – e a diciotto anni è andato via di casa, o meglio è emigrato in America.
Alexandra:	Beh, questo non è strano, molti italiani sono emigrati in America tra la fine del 1800 e l'inizio del 1900.
Stefano:	È vero ma lo zio Gianni ha fatto fortuna ed è diventato molto ricco! Ha aperto una pasticceria e poi due, tre, e così via. Un giorno ha conosciuto una ragazza argentina, ha venduto tutto e si è trasferito in Sud America.
Alexandra:	E poi?
Stefano:	Ha comprato una fattoria e della terra ed è diventato ... un contadino! Ha viaggiato molto ma non è mai tornato in Italia. È morto solo cinque anni fa.
Alexandra:	Ha avuto dei figli?
Stefano:	Sì, figli e nipoti.
Alexandra:	Allora hai dei cugini in Argentina?
Stefano:	Sì, non ci siamo mai visti, ma ci scriviamo sempre gli auguri di Natale.
Alexandra:	Perché non fai un viaggio in Argentina?
Stefano:	Hai ragione, è una bella idea; forse dopo gli esami di maturità, se papà paga il viaggio!!

English conversation: The uncle from America

Alexandra:	Stefano, last night I was looking through some old pictures of your family and in one of them there was this man with a moustache in front of the Statue of Liberty in New York. Who is he?
Stefano:	Oh, that's our famous Uncle Gianni.
Alexandra:	An uncle? Why is he famous?
Stefano:	To tell you the truth, he is not my uncle, he is my mother's uncle, and he is famous because he had a rather exciting life.
Alexandra:	Really? Tell me more!
Stefano:	He was born in a small village near Milan on February 3rd 1910 – I know that because the 3rd of February is also my birthday – and at the age of 18 he left home, or shall we say, he emigrated to America.
Alexandra:	Well, that's not unusual, many Italians immigrated to America at the end of the 19th and the early 20th century.
Stefano:	That's right but my uncle Gianni made a fortune there and became very rich! He opened one pastry shop, then two, three and so on. One day he met a girl from Argentina, sold everything and moved to South America.
Alexandra:	And then?
Stefano:	He bought a farm and land and ... became a farmer. He travelled a lot but never returned to Italy. He died just five years ago.
Alexandra:	Did he have any children?
Stefano:	Yes, children and grandchildren.
Alexandra:	So you have cousins in Argentina?
Stefano:	Yes, though we've never seen each other we always write each other Christmas cards.
Alexandra:	Why don't you take a trip to Argentina?
Stefano:	You're right, that's a good idea. Maybe after my final exams, if dad pays for the trip!!

Grammar

Perfect tense (II)

The Italian present perfect tense is a compound tense that uses essere and avere as auxiliary verbs and the past participle of the verb (see also Lesson 11). As a guideline, many English verbs share the same auxiliary verbs (to be or to have) when forming the perfect tense.
The following verbs are conjugated with essere:

reflexive verbs	**Noi non siamo visti.**
	(We haven't seen each other.)
costare	**L'albergo è costato poco.**
	(The hotel was cheap.)
mancare	**Luisa è mancata a scuola.**
	(Luisa was absent from school.)

The following verbs are conjugated with avere:

viaggiare	**Ha viaggiato molto.**
	(He travelled a lot.)
camminare	**Ho camminato lungo il fiume.**
	(I walked along the river.)
nuotare	**Abbiamo nuotato in piscina.**
	(We swam in the swimming pool.)

Irregular participles are:

nascere	nato
morire	morto

Some expressions of time relating to the past

ieri mattina	l'altro ieri
(yesterday morning)	(the day before yesterday)
ieri pomeriggio	l'altro giorno
ieri sera	
l'anno scorso	un'ora fa
(last year)	(an hour ago)
il mese scorso	una settimana fa
la settimana scorsa	tre giorni fa
martedì scorso	

Months and seasons

gennaio	luglio	primavera
febbraio	agosto	estate
marzo	settembre	autunno
aprile	ottobre	inverno
maggio	novembre	
giugno	dicembre	

Dates

Dates are given with cardinal numbers except for the first day of the month.

What date is it today?
Qual è la data di oggi?

Today is the	first	12th	30th of January 2006.
Oggi è il	**primo**	**dodici**	**trenta gennaio 2006.**

The preposition da

The preposition **da** is used:

with locations	meaning **from**	Vengo **dalla** America.
	meaning **to**	Vado **da** Mauro.
with times	meaning **for/since**	Abito a Roma **da** tre anni.

as indication of a purpose	Gli occhiali **da** sole.
as indication of a feature	Il signore **dai** capelli biondi.
in some idioms	Vado in vacanza **da** solo.
meaning **as**	**da** bambino

Exercises

Exercise 1

Which of the following verbs is conjugated with essere?

dormire, arrivare, scrivere, essere, fare, andare, nuotare, mangiare, lavarsi, leggere, tornare, prendere, visitare, riposarsi, sapere, comprare, viaggiare, costare, fumare, aprire, vedere, sentire.

Exercise 2

Put the verbs into the perfect tense.

Anna Ferrero racconta: Io _____(nascere) il 27 luglio 1932 in un piccolo paese in

Piemonte, vicino a Torino. I miei genitori _____(trasferirsi) a Genova nel 1938.

(Io) _____(frequentare) la scuola, il liceo e l'università a Genova; _____

(studiare) medicina e _____(diventare) pediatra. Nel 1958 _____

(sposarsi) e io e mio marito _____(andare) a vivere a Bologna. (Noi) _____

(comprare) una casa in campagna e il 7 ottobre 1962 _____(nascere) le nostre

figlie Marina e Stefania, due gemelle.

(Io) _____(lavorare) in un ospedale di Bologna per 35 anni.

Exercise 3

Describe what Mrs. Bianchi did yesterday.

ore 7.00	**svegliarsi**	ore 7.15	**fare la doccia**
ore 7.30	**prendere un caffè**	ore 8.00	**andare in ufficio in macchina**
ore 12.30	**in mensa**	ore 13.30	**fare una passeggiata**
ore 17.00	**andare in centro**	ore 19.00	**tornare a casa**
ore 20.30	**cenare**	ore 23.00	**andare a letto**
ore 23.15	**addormentarsi**		

Start like this: Alle sette la signora Bianchi si è svegliata.

Alle sette e un quarto

Exercise 4

What happened when?

Write down the corresponding questions as shown in the example.

(Venire a casa / loro)

Quando sono venuti a casa? Tre ore fa.

1 (nascere / lo zio Gianni)

....

Il 3 febbraio 1910.

2 (andare in America / lei)

....

L'anno scorso.

3 (pranzare / loro)

....

Un'ora fa.

4 (leggere il giornale / voi)

....

Ieri sera.

Exercise 5

Fill in the correct preposition, with or without the article.

1 Vive a Roma... febbraio.

2 Anna è... Bari.

3 Ieri sono andata... medico.

4 Silvio si è trasferito... Sud America.

5 Sono arrivato a casa... sette.

Exercise 6

Which parts belong together?

1 occhiali	**a** da bagno
2 costume	**b** da letto
3 macchina	**c** da sole
4 camicia	**d** da notte
5 camera	**e** da scrivere

Vocabulary

Below is a list of the vocabulary encountered in this chapter:

a dire la verità	to be honest, tell the truth	**luglio** m	July
agosto m	August	**macchina da scrivere** f	typewriter
andare via	to leave		
aprile m	April	**maggio** m	May
argentino m	Argentinian	**mancare**	to lack, miss
augurio m	wish	**marito** m	husband
autunno m	autumn Br / fall Am	**marzo** m	March
baffi m pl	moustache	**maturità** f	secondary school exam
camminare	to walk, go on foot	**meglio**	better
capello m	hair	**morire**	to die
cenare	to eat dinner	**movimentato**	(here:) exciting
compleanno m	birthday	**nascere**	to be born
contadino m	farmer	**Natale** m	Christmas
costume da bagno m	bathing suit	**nipote** m/f	grandchild, niece, nephew
cugino m	cousin	**novembre** m	November
data f	date	**occhiali da sole** m	sunglasses
davanti a	in front of/ opposite	**ottobre** m	October
dicembre m	December	**pasticceria** f	pastry shop
diventare	to become	**pediatra** m/f	pediatrician
e così via	and so on	**pranzare**	to eat lunch
emigrare	to emigrate	**raccontare**	to tell, narrate
esame m	exam, test	**ricco**	rich
estate f	summer	**scorso**	past
famoso f	famous	**scrivere**	to write
fattoria f	farm	**settembre** m	September
febbraio m	February	**sposarsi**	to marry
fine f	end	**statua** f	statue
fortuna f	fortune	**strano**	strange, unusual
gemello m	twin	**terra** f	earth
gennaio m	January	**tra**	between
giugno m	June	**trasferirsi**	to move
inizio m	start, beginning	**vedersi**	to see (each other)
l'altro ieri	day before yesterday	**verità** f	truth
libertà f	freedom	**vita** f	life

At the Market

Day 14 takes you to the market where you can learn how to express likes and dislikes, learn how to ask for different quantities of items, how to use the pronoun ne to refer back to something previously mentioned, as well as indirect pronouns, vocabulary and exercises.

ITALIAN MARKETS...

*Weekly markets are a common feature of all Italian towns. The bigger cities actually have mobile markets throughout the week, serving a different area every day. These markets offer everything from fruit and vegetables to shoes, table linen, clothing, cutlery and crockery. If you are looking for a bargain the market is the place to search for it: **a buon mercato!***

Italian conversation: Al mercato rionale

Fruttivendolo:	Buongiorno signora, che cosa Le posso dare?
Piera:	Vorrei un chilo di pomodori, due chili di patate e dell'insalata.
Fruttivendolo:	Non vuole delle melanzane? Sono belle fresche!
Piera:	Quanto costano? Non c'è il prezzo.
Fruttivendolo:	3 euro al chilo.
Piera:	Un po' care, ma ne prendo due. Alessandra, guarda che bella frutta. Che cosa mangi volentieri?
Alexandra:	Mi piacciono molto le albicocche.
Piera:	Sono buone le albicocche? Sembrano un po' troppo mature.
Fruttivendolo:	No, sono ottime signora, vengono dalla Riviera e sono dolcissime. Ne vuole assaggiare una?
Piera:	No, no, Le credo. Ne prendo un chilo e vorrei anche delle fragole, due cestini.
Fruttivendolo:	Desidera altro?
Piera:	No, grazie. Quant'è?
Fruttivendolo:	9 euro e 70 centesimi.
Piera:	Mi dà una borsa per favore?
Fruttivendolo:	Certo, ecco. Grazie e arrivederci.
Piera:	Arrivederci. Bene, abbiamo frutta e verdura ma devo ancora andare dal macellaio a comprare della carne: hai voglia di andare in panetteria a prendere un po' di pane, Alessandra?
Alexandra:	Volentieri. Prendo anche dei grissini?
Piera:	Sì, e la focaccia per Stefano, gli piace così tanto!
Alexandra:	Va bene, a più tardi.
Piera:	Grazie dell'aiuto, ciao.

English conversation: At the local market

Fruit vendor:	Good morning, what can I offer you?
Piera:	I'd like a kilo of tomatoes, two kilos of potatoes and (a head of) lettuce.
Fruit vendor:	You don't want any aubergines (eggplants)? They are very fresh!
Piera:	How much are they? There's no price tag.
Fruit vendor:	Three euros a kilo.
Piera:	A little expensive but I'll take two. Alexandra, look at the lovely fruit. What kind do you like eating?
Alexandra:	I love apricots.

Piera:	Are the apricots any good? They seem to be somewhat overripe.
Fruit vendor:	No, they are excellent; they're from the Riviera and are very sweet. Would you like to try one?
Piera:	No, no I believe you. I'll take one kilo and I'd like strawberries as well, two punnets (baskets).
Fruit vendor:	Anything else?
Piera:	No thanks. How much is it?
Fruit vendor:	9 euros and 70 cents.
Piera:	Could you give me a bag, please?
Fruit vendor:	Of course, here you are. Thanks and goodbye.
Piera:	Goodbye. Well, we have fruit and vegetables but I still have to go to the butcher's to buy some meat. Alexandra, would you like to go to the bakery and buy some bread?
Alexandra:	Yes, I'll do that. Shall I also get some breadsticks?
Piera:	Yes and flat bread for Stefano, he likes it so much!
Alexandra:	OK, see you later.
Piera:	Thanks for your help, ciao.

Grammar

The partitive article

The partitive article is used to designate an unspecified or unknown quantity.
The English equivalent would be **"some"** or **"any"**.
The partitive article is formed with the preposition di and the definite article.

	singular	plural
masculine	del	dei
	dello	degli
	dell'	degli
feminine	della	delle
	dell'	delle

| Vorrei dello zucchero. | I'd like [some] sugar. |
| Vorrei delle melanzane. | I'd like [some] aubergines (eggplants). |

ne

The pronoun ne refers to a previously mentioned object, group of objects or persons.
It can cover a wide range of meanings such as some, any, of (something):

> Le albicocche sono dolci.
> Ne *prendo un chilo.* (I'll take one kilo of them.)

> Sul tavolo ci sono quattro foto.
> Ne *vedo solo due.* (I can only see two of them.)

It can also mean about (something).

> Voglio comprare una macchina.
> *Che cosa* ne *dici?* (What do you say about that?)

Indirect object pronouns

Indirect object pronouns generally precede the verb.

mi	me	Mi piace la frutta. *(I like fruit.)*
ti	you	Non ti credo. *(I don't believe you.)*
gli	him	Gli scrivo una lettera. *(I am writing him a letter.)*
le	her	Le porto dei fiori. *(I bring her flowers.)*
Le	you	Che cosa Le do, signora Bia? *(What can I give you, Mrs. Bia?)*
ci	us	Ci porti due caffè. *(Bring us two coffees.)*
vi	you	Vi presento Francesco Rei. *(This is Francesco Rei.)*
gli	them	Gli credo. *(I believe them.)*

Verb: piacere

In Italian the verb piacere (to like/enjoy) is always formed with an indirect pronoun.

Indirect pronoun + piace + singular
Mi piace la pasta. (I like pasta.)

Indirect pronoun + piacciono + plural
Ti piacciono le tagliatelle? (Do you like tagliatelle?)

Indirect pronoun + piace + infinitive
Gli piace ballare. (He likes dancing.)

The perfect tense of piacere is formed with essere:

Le è piaciuto il film? No, non mi è piaciuto.
(Did you enjoy the film? No I didn't like it.)

Quantities

un chilo	*di pomodori*	(a kilo of tomatoes)
un etto	*di prosciutto*	(100 grammes of ham)
mezzo chilo	*di fragole*	(half a kilo of strawberries)
un pacco	*di pasta*	(one packet of pasta)
un vasetto	*di marmellata*	(one jar of jam)
un litro	*di vino bianco*	(one litre of white wine)
mezzo litro	*di latte*	(half a litre of milk)
una bottiglia	*di olio*	(one bottle of oil)
una lattina	*di birra*	(a can of beer)

Exercises

Exercise 1

Write a shopping list by inserting the appropriate partitive article.

Devo comprare:

della	carne	....	carote
....	pane	....	aceto
....	prosciutto	....	zucchero
....	birra	....	fragole
....	vino	....	zucchini
....	biscotti		

Exercise 2

Fill in the correct indirect personal pronoun.

1 Quando scrivete ai signori Rossi?

.... scriviamo stasera.

2 Ti piace la musica classica?

Sì, ... piace molto.

3 Signor Marchi, che cosa prende?

.... porti un tè.

4 Avete già scritto a Lisa?

No, ... scriviamo domani.

5 Marco, ... piace il gelato?

6 Che cosa ci avete portato?

.... abbiamo portato dei fiori.

7 Vi piacciono le fragole?

No, non .... piacciono.

8 Hai dato i libri a Giorgio?

Sì, ... ho dato i libri e anche i dischi.

Exercise 3

Complete the sentences with gli, le, Le **or** ne.

1 Hai scritto a Giovanni?

No, ... scrivo domani.

2 Quante sigarette fumi? .... fumo 10.

3 Maria, prendi un cioccolatino?

Grazie .... prendo due.

4 Signora, ... porto la macchina lunedì mattina.

5 .... A Maria piace la musica?

Sì, ... piace.

6 Avete scritto a Carlo?

Sì .... abbiamo scritto.

Exercise 4

Fill in mi piace **or** mi piacciono.

1 .... molto i fiori.

2 Non .... il calcio.

3 .... nuotare in piscina.

4 .... la frutta fresca.

5 Non .... le macchine da corsa.

6 .... viaggiare.

Exercise 5

Which parts match? Dove comprate queste cose?

1 Compro i grissini	**a** al mercato	
2 Compro la frutta	**b** all'ufficio postale	
3 Compro le medicine	**c** in farmacia	
4 Compro la carne	**d** in panetteria	
5 Compro i francobolli	**e** in macelleria	

Vocabulary

Below is a list of the vocabulary encountered in this chapter:

aceto m	vinegar	**macelleria** f	butcher's
aiuto m	help	**marmellata** f	jam
albicocca f	apricot	**maturo**	ripe
assaggiare	to taste, try	**melanzana** f	aubergine Br /
borsa f	bag		eggplant Am
carne f	meat	**mezzo**	half
carota f	carrot	**ne**	some, any, of
cestino m	punnet Br / basket Am		(something)
chilo m	kilo(gramme)	**olio** m	oil
dolcissimo	very sweet	**pacco** m	package
etto m	100 grammes	**pane** m	bread
focaccia f	flat bread	**panetteria** f	bakery
fragola f	strawberry	**patata** f	potato
francobollo m	postage stamp	**piacere**	to like, enjoy
fresco	fresh	**pomodoro** m	tomato
frutta f	fruit	**presentare**	to present, introduce
fruttivendolo m	fruit vendor	**prezzo** m	price
grissino m	breadstick	**prosciutto** m	ham
latte m	milk	**Quant'è?**	How much is it?
lattina f	can	**rionale**	local
litro m	litre	**sembrare**	to seem
macchina da	racing car	**ufficio postale** m	post office
corsa f		**vasetto** m	glass/jar
macellaio m	butcher	**zucchero** m	sugar

Going Out

Day 15 sees you go to the movies and plan your night ahead. You will learn how to use direct object pronouns (non lo conosco - I don't know him), infinitive verb constructions to help you express yourself more fluently, as well as more relevant vocabulary.

ITALIAN MOVIE THEATERS...

*Italy still has plenty of historical movie theaters recalling the heyday of moving pictures. During the summer months, many cinemas offer outdoor screenings, **cinema all'aperto**. When getting tickets bear in mind that these can be bought only at the ticket counter at the cinema on the night of the viewing itself. Most Italian cinemas don't take any reservations. Although there are no long-winded commercials before a movie, there is an interval half-way through.*

Italian conversation: Dove andiamo stasera?

Marco:	Allora ragazze, cosa facciamo stasera?
Alexandra:	Mah, non so, tu Laura hai un'idea?
Laura:	Perché non andiamo al cinema? All'Ariston danno l'ultimo film di Pupi Avati, deve essere molto bello.
Alexandra:	Non lo conosco, chi è?
Laura:	È un giovane regista italiano.
Marco:	Ma dobbiamo proprio andare al cinema? Io non ho molta voglia, preferisco il teatro. Al Nazionale c'è una commedia di Pirandello.
Alexandra:	Io sono d'accordo.
Laura:	Anch'io, ma chi compra i biglietti?
Marco:	Li prendo io oggi pomeriggio.
Alexandra:	A che ora comincia lo spettacolo?
Marco:	Ora guardo sul giornale ... alle 20.30. Prendi tu la macchina?
Laura:	Sì, la prendo io perché passo a prendere il mio ragazzo Giorgio e dopo vengo da Alessandra. Marco, puoi venire a casa di Alessandra alle otto meno un quarto?
Marco:	Certo. Allora compro quattro biglietti?
Laura:	Sì, grazie.
Alexandra:	E forse dopo possiamo andare a mangiare qualcosa in birreria.
Laura:	Senz'altro, e fare quattro salti in discoteca! Allora a stasera, io suono e vi aspetto sotto.
Alexandra:	Va bene, ciao.
Marco:	Ciao.

English conversation: Where are we going tonight?

Marco:	OK girls, what are we doing tonight?
Alexandra:	I don't know. Do you have any ideas, Laura?
Laura:	Why don't we go to the cinema? At the Ariston they're showing the latest film by Pupi Avati. It's supposed to be very good.
Alexandra:	I don't know him. Who is he?
Laura:	He is a young Italian director.
Marco:	Do we really have to go to the cinema? I'm not in the mood for that, I'd rather go to the theatre. There's a comedy by Pirandello at the Nazionale Theatre.
Alexandra:	I'm with you.
Laura:	Me too, who is buying the tickets?
Marco:	I'll get them in this afternoon.
Alexandra:	What time does the show start?
Marco:	Just a minute, I'll check the paper ... at 8:30 p.m. Are you going by car?
Laura:	Yes, I am, because I'll be picking up my boyfriend Giorgio on the way and then I'll go to Alexandra's place. Marco, can you be at Alexandra's at a quarter to eight?
Marco:	Sure. I'll get four tickets then?
Laura:	Yes, thanks.
Alexandra:	Maybe we can go and have something to eat in a pub afterwards?
Laura:	We certainly can, and then go dancing in a club! Well, until tonight then, I'll ring the bell and wait for you downstairs.
Alexandra:	OK, ciao.
Marco:	Ciao.

Grammar

Direct object pronouns

Direct object pronouns generally precede the verb.

mi	me	*Mi senti?*	Can you hear me?
ti	you	*Ti accompagno.*	I accompany you.
lo	him/it	*Non lo conosco.*	I don't know him.
la	her/it	*Non la mangio.*	I don't eat it.
La	you	*La aspetto, dottore.*	I'll be expecting you, doctor.
ci	us	*Ci sentite?*	Can you hear us?
vi	you	*Non vi capisco.*	I don't understand you.
li	them *(m.)*	*Li conosco.*	I know them. (Marco and Alberto)
le	them *(f.)*	*Non le capisco.*	I don't understand them. (Maria and Laura)

Infinitive constructions

Some Italian infinitive constructions are formed with or without prepositions.

with a

	andare a	*Vado a mangiare in mensa.* (I am going to eat in the cafeteria.)
	aiutare a	*Aiutiamo Maria a lavare la macchina.* (Let's help Maria wash the car.)

with di

	avere voglia di	*Ho voglia di giocare.* (I'm in the mood to play.)
	avere tempo di	*Hai tempo di fare la spesa?* (Do you have time to go shopping?)

without preposition

	preferire	*Preferisco viaggiare in treno.* (I prefer to travel by train.)
	desiderare	*Desidera bere qualcosa?* (Would you like something to drink?)
	piacere	*Mi piace cantare.* (I like to sing.)

Exercises

Exercise 1

Answer the following questions using the correct personal pronoun.

1 Chi compra il giornale?

.... compra il nonno.

2 Accompagnate a casa Marisa e Ada?

.... accompagniamo subito.

3 Pronto, ci senti?

Sì, adesso .... sento.

4 Mamma, mamma, mi aspetti?

Certo, ... aspetto in macchina.

5 Ti porto a scuola domani?

No, grazie .... porta Alexandra.

6 Vi conoscete già?

Sì, ... conosciamo, abitiamo vicino.

Exercise 2

Qual è la tua opinione?

Fill in the correct pronoun and choose the adjective that you think fits best.

Ti piace il cinema? **Lo** trovo divertente / noioso

1 Ti piace Roma? .... trovo interessante / caotica

2 Ti piacciono le lasagne? .... trovo saporite / troppo pesanti

3 Ti piace lo sport? .... trovo sano / faticoso

4 Ti piacciono i computer? .... trovo utili / inutili

5 Ti piace il deserto? .... trovo affascinante / pericoloso

6 Ti piace la moda italiana? .... trovo elegante / troppo cara.

Exercise 3

Complete the following sentences using the correct direct pronoun (lo, la, La, li,le) or the correct indirect pronoun (gli, le, Le).

1 Perché non aiuti papà a lavare la macchina?

Va bene, ... aiuto.

2 Quando telefonate alla vostra amica tedesca?

.... telefoniamo domenica pomeriggio.

3 Ascolti i dischi di musica lirica?

Sì, ... ascolto molto volentieri

4 Non avete ancora parlato a Massimo?

No, purtroppo non .... abbiamo ancora parlato.

5 Signora, ... posso aiutare?

6 Quando ringraziate le vostre amiche per il regalo?

.... ringraziamo domani.

7 Tuo zio ti ha scritto una lunga lettera.

.... hai risposto?

8 Ho chiesto a Monica un favore.

Che cosa .... hai chiesto?

Exercise 4

Write complete sentences as the example. Pay attention to the correct use of the prepositions!

E.g. Massimo/avere voglia/andare in vacanza

Massimo ha voglia di andare in vacanza.

1 I nonni / andare / vedere un film al cinema

2 Nadia / non avere tempo / suonare il pianoforte

3 (Loro) / preferire / mangiare / in pizzeria

....

4 (Io) / aiutare i miei genitori / pulire l'appartamento

....

5 Nicola / non avere voglia / andare a scuola

....

Vocabulary

Below is a list of the vocabulary encountered in this chapter:

accompagnare	*to accompany*	**musica lirica** *f*	*opera music*
affascinante	*fascinating*	**noioso**	*boring*
aiutare	*to help*	**passare a**	*to pick up,*
avere voglia	*to want to do*	**prendere**	*to collect/ to take (bus)/*
birreria *f*	*pub, bar*		*to have (a coffee); to*
cantare	*to sing*		*catch (a cold); to pick up*
caotico	*chaotic*		*(your coat)*
commedia *f*	*comedy*	**pericoloso**	*dangerous*
dare (al cinema)	*to show (in the cinema)*	**pesante**	*heavy*
discoteca *f*	*disco, (night)club*	**regalo** *m*	*gift, present*
divertente	*funny, amusing*	**regista** *m/f*	*(film) director*
fare quattro salti	*to go for a dance*	**ringraziare**	*to thank*
faticoso	*exhausting*	**sano**	*healthy*
favore *m*	*favour*	**saporito**	*tasty*
inutile	*useless*	**spettacolo** *m*	*show, presentation*
lavare	*to wash*	**utile**	*useful*

Test 3

Work your way around the board. Each correct answer will take you to the next question until you have completed the exercise. Enjoy!

1
Choose the correct answer on square 2, then go on to the square with the number of your answer.

2
I bambini vanno ... zoo.
allo ▶ 24
al ▶ 4

3
Wrong!

Go back to number 27.

8
Great! Continue:
Hai telefonato a Mario?
Sì, ... ho telefonato.
gli ▶ 15
lo ▶ 29

9
Wrong!

Go back to number 22.

10
Great! Continue:
Quando ... arrivato?
sei ▶ 30
hai ▶ 16

11
Wrong!

Go back to number 24.

16
Wrong!

Go back to number 10.

17
Good! Continue:
Elena e Paola
sono ... in tram.
venuto ▶ 23
venute ▶ 4

18
Wrong!

Go back to number 20.

19
Wrong!

Go back to number 12.

24
Correct! Continue:
Avete ... questo libro?
letto ▶ 27
leggiuto ▶ 11

25
Great! Continue.
La macchina ...
costata poco.
ha ▶ 5
è ▶ 22

26
Wrong!

Go back to number 6.

27
Correct! Continue:
Compro i grissini in...
farmacia ▶ 3
panetteria ▶ 17

4

Very good! Continue:
Non ... il francese.
| posso | ▶ 28 |
| so | ▶ 20 |

5

Wrong!

Go back to
number 25.

6

Correct! Continue:
Andiamo ... stazione.
| a | ▶ 26 |
| alla | ▶ 10 |

7

Wrong!

Go back to
number 30.

12

Correct! Continue:
Non ho voglia ... .
| di mangiare | ▶ 8 |
| mangiare | ▶ 19 |

13

Very good!
Continue:
Vorrei ... albicocche.
| dell' | ▶ 21 |
| delle | ▶ 6 |

14

Wrong!

Go back to
number 2.

15

Correct!

End of exercise!

20

Good! Continue:
... la musica jazz?
| Ti piacciono | ▶ 18 |
| Ti piace | ▶ 13 |

21

Wrong!

Go back to
number 13.

22

Very good! Continue:
Compri i biglietti?
Sì, ... compro.
| gli | ▶ 9 |
| li | ▶ 12 |

23

Wrong!

Go back to
number 17.

28

Wrong!

Go back to
number 4.

29

Wrong!

Go back to
number 8.

30

Good! Continue:
L'anno ... sono andata
in Sicilia.
| fa | ▶ 7 |
| scorso | ▶ 25 |

On the Road

Day 16 explores Italy's roads and highways by car. Learn how to use the inifinitive to give orders, as well as prepositions to help you give and understand directions (close to, in front of, etc.).

DRIVING IN ITALY...

*Driving a car in Italy can be expensive with the motorway tolls and high gas (petrol) prices. Increasingly, inner-city areas are being made into traffic-free zones, at least during certain hours, which makes city driving stressful. Parking can also be tricky. Self-service stations are rare in Italy. Instead, drivers are expected to remain in their cars and tell the attendant what they want. Their windscreen is then cleaned and the oil and water are checked. When asking for gas (petrol), unleaded, **senza piombo**, is also often referred to as **verde**.*

Italian conversation: In macchina in città

Alexandra:	Buongiorno, il pieno per favore.
Benzinaio:	Subito signorina. Senza piombo, vero?
Alexandra:	Sì, grazie. E controlli anche l'olio per favore.
	Valentina, sei sicura di sapere che strada dobbiamo prendere?
	Io non conosco ancora abbastanza bene Milano e poi viaggio
	sempre in metropolitana.
Valentina:	Magari è meglio se chiediamo, così non sbagliamo strada.
Alexandra:	Senta, scusi, vorrei un'informazione.
Benzinaio:	Se posso, volentieri.
Alexandra:	Per andare in piazza Santa Chiara che strada devo prendere?
Benzinaio:	Allora, ... prenda la prima strada a sinistra e vada sempre dritto
	fino al parco; subito dopo, davanti alla chiesa, giri a sinistra,
	continui dritto fino al primo semaforo e alla sua destra c'è piazza
	Santa Chiara.
Alexandra:	Va bene, grazie molte.
Benzinaio:	Però faccia attenzione: fino alle 12.00 c'è divieto di sosta sulla
	piazza. Provi a parcheggiare dietro la chiesa, qualche volta c'è
	un posto libero.
Alexandra:	Grazie del consiglio ... Quanto Le devo?
Benzinaio:	40 euro. Olio ne ha ancora abbastanza.
Alexandra:	Arrivederci.
Benzinaio:	Arrivederci e buona giornata.
Alexandra:	C'è molto traffico oggi. Hai capito bene che strada dobbiamo
	prendere?
Valentina:	Beh, più o meno, ma forse chiediamo ancora a un vigile.
Alexandra:	Almeno sai dov'è l'ufficio dove dobbiamo andare?
Valentina:	Ma certo, proprio sulla piazza, di fronte al cinema.
	Ehi, guarda, là c'è un vigile; sii gentile, accosta un attimo così
	gli chiediamo. Senta, mi scusi ...
Alexandra:	Che stress! Domani prendo di sicuro la metropolitana!

English conversation: Driving in the city

Alexandra:	Good morning, fill it up please.
Attendant:	Right away. Unleaded, right?
Alexandra:	Yes, thank you. And check the oil as well, please. Valentina, are you sure you know which street we have to take? I don't know Milan well enough yet and besides, I always take the subway.
Valentina:	We'd better ask so we don't get lost.
Alexandra:	Excuse me, I need some information.
Attendant:	If I can help, certainly.
Alexandra:	Which street do I have to take to get to Santa Chiara square?
Attendant:	OK, ... take the first street on the left and then go straight ahead up to the park. Immediately turn left in front of the church and continue until you come to the first set of traffic lights. Santa Chiara square is to your right.
Alexandra:	OK, thank you very much.
Attendant:	But watch out: you're not allowed to park on the square before 12 o'clock. Try to park behind the church; you might find a free parking space there.
Alexandra:	Thanks for the tip ... How much do I owe you?
Attendant:	40 euros. You still have enough oil.
Alexandra:	Goodbye.
Attendant:	Goodbye and have a nice day.
Alexandra:	Lots of traffic today. Did you understand which street we have to take?
Valentina:	Well, more or less, but perhaps we should also ask a policeman.
Alexandra:	Do you at least know where the office is that we have to go to?
Valentina:	Sure, directly on the square opposite the cinema. Hey, there's a policeman. Be nice and pull over and we'll ask him. Excuse me, ...
Alexandra:	This is too stressful for me! Tomorrow I'll definitely take the subway!

Grammar

Imperative

guardare	prendere	sentire	finire
(tu) guarda	prendi	senti	finisci
(Lei) guardi	prenda	senta	finisca
(noi) guardiamo	prendiamo	sentiamo	finiamo
(voi) guardate	prendete	sentite	finite
(loro) guardino	prendano	sentano	finiscano

The 1st and 2nd person plural are formed like the present tense. The negative imperative is formed by simply inserting non before the verb. In the informal **tu** form, the negative imperative is formed with **non +infinitive**:

Signor Risi, **non fumi** *così tanto!* (Mr. Risi, don't smoke so much!)
Marco, **non fumare** *così tanto!* (Marco, don't smoke so much!)

The imperative of some irregular verbs:

	andare	venire	stare	fare
(tu)	vai/va'	vieni	stai/sta'	fai/fa'
(Lei)	vada	venga	stia	faccia
(noi)	andiamo	veniamo	stiamo	facciamo
(voi)	andate	venite	state	fate
(loro)	vadano	vengano	stiano	facciano

	dire	dare	avere	essere
(tu)	di'	dai/da'	abbi	sii
(Lei)	dica	dia	abbia	sia
(noi)	diciamo	diamo	abbiamo	siamo
(voi)	dite	date	abbiate	siate
(loro)	dicano	diano	abbiano	siano

Prepositions defining location

vicino a	vicino al ristorante	(near the restaurant)
accanto a	accanto al bar	(next to the bar)
di fronte a	di fronte alla banca	(opposite the bank)
davanti a	davanti a casa mia	(in front of my house)
dietro a	dietro alla chiesa	(behind the church)
tra/fra	tra/fra Milano e Torino	(between Milan and Turin)
in mezzo a	in mezzo alla piazza	(in the centre of the square)
fino a	fino al semaforo	(up to the traffic lights)
in fondo a	in fondo alla strada	(at the end of the street)

Exercises

Exercise 1

Fill in the corresponding imperative forms.

1 chiudere: Marco, ... la porta!

2 scrivere: Ragazzi, ... una cartolina a Maria.

3 portare: Beppe, ... il caffè a papà.

4 raccontare: Mamma, ... una favola a Paolo.

5 dormire: .... bene, Marina.

6 telefonare: Signora Dossi, ... a mia moglie, per favore.

7 venire: Laura .... subito a casa!

8 dare: Luigi, ... questi libri a tua sorella.

9 dire: Per favore, signor Bui .... a Luca che è ora di pranzo!

10 avere: Bambini, ... un po' di pazienza.

11 andare: Graziella, ... a fare la spesa.

12 fare: Elena, ... una passeggiata.

Exercise 2

Complete the sentences using the correct imperative forms.

Alcuni consigli per la signora Pozzi:

1 .... (fare) molte passeggiate.

2 Non .... (fumare) troppo.

3 .... (mangiare) poca carne.

4 .... (prendere) le medicine.

5 .... (dormire) molto.

6 Non .... (bere) vino

7 .... (andare) in vacanza al mare.

8 Non .... (mangiare) dolci.

Exercise 3

Which of these conversations are business-related and which are private?

1 Telefoni al Dottor Rosso, per favore.

2 Vieni subito alla stazione!

3 Venga in ufficio alle 8.30.

4 Scriva a macchina questa lettera.

5 Telefona a Silvia e Gino.

6 Finisca questo lavoro.

business: ....

private: ....

Exercise 4

Study the map on page 144, then answer the following questions.

1 Dov'è la pizzeria?

È accanto. ....

2 Dov'è il parcheggio?

....

3 Dov'è la chiesa?

....

4 Dov'è la banca?

....

5 Dov'è il supermercato?

....

6 Dov'è la farmacia?

....

Exercise 5

Write complete sentences using the following example.

macelleria / davanti a / bar

La macelleria è davanti al bar.

1 cinema / in fondo a / strada

2 ristorante / di fronte a / scuola

3 casa di Luca / dietro a / chiesa

4 panetteria / accanto a / negozio di abbigliamento

5 farmacia / tra / supermercato e banca

Exercise 6

Which sentences belong together?

1 Che strada devo prendere?
2 Sono molto stanca.
3 Desidera?
4 Fa molto caldo qui!
5 Posso fumare?
6 Non sto molto bene.

a Controlli l'olio per favore.
b Apri la finestra.
c Va' a dormire.
d Fuma pure.
e Vai dal medico.
f Vada sempre dritto e giri la terza strada a destra.

Vocabulary

Below is a list of the vocabulary encountered in this chapter:

abbastanza	*enough*	**in mezzo a**	*in the middle of*
accanto a	*besides*	**informazione** *f*	*information*
accostare	*to pull over*	**là**	*there*
almeno	*at least*	**libero**	*free*
attenzione *f*	*attention, care*	**magari**	*maybe*
attimo *m*	*moment*	**parcheggiare**	*to park*
benzinaio *m*	*attendant*	**parcheggio** *m*	*parking space*
	(at petrol Br / gas Am	**pazienza** *f*	*patience*
	station)	**piazza** *f*	*square*
cartolina *f*	*postcard*	**piombo** *m*	*lead*
consiglio *m*	*advice*	**pure**	*if you want*
continuare	*to drive on*	**quanto Le devo?**	*how much do I owe you?*
controllare	*to control*	**sbagliare**	*to err, be mistaken*
di fronte a	*opposite*	**sbagliare strada**	*to get lost*
di sicuro	*certainly*	**scrivere a**	*to write with*
dietro a	*behind*	**macchina**	*a typewriter*
divieto di sosta	*no parking*	**semaforo m**	*traffic lights*
fare attenzione	*to pay attention,*	**senza**	*without*
	watch out	**senza piombo**	*unleaded*
fare il pieno	*to fill up*	**sicuro**	*certain(ly), sure*
favola *f*	*story*	**traffico** *m*	*traffic*
fra	*between*	**vicino a**	*near*
girare	*to turn*	**vigile** *m*	*traffic policeman*

Florence

Day 17 takes you to Florence. You'll discover a bit about culture and musuem hours below, and then you'll tackle double pronouns and learn how to use the much-loved "Ecco!" correctly. There are also exercises to reinforce your learning, as well as more vocabulary.

SIGHTSEEING...

*Though Italian museums don't have standard opening hours, they are generally closed during lunch breaks and on Mondays. Most museums and cinemas offer discounts **(sconti/ ridotti)** for the disabled **(invalidi)**, senior citizens **(pensionati)**, soldiers **(militari)** and larger groups.*

Most churches are open during the day. Excessively casual dress, such as shorts, strapless tops and dresses, flip-flop sandals, etc., is discouraged.

Italian conversation: Una gita a Firenze

Marco:	Due biglietti di andata e ritorno per Firenze, per favore.
Impiegato:	Di prima o seconda classe?
Marco:	Di seconda classe. Mi sa dire a che ora parte il prossimo treno?
Impiegato:	Un momento prego, glielo dico subito ... Il prossimo parte alle 8.38, ma deve cambiare a Bologna. Altrimenti deve aspettare quello delle 9.00. È un Intercity e arriva a Firenze alle 11.53. Ma deve pagare il supplemento.
Marco:	Allora due biglietti per quello delle 9.00, per favore.

A Firenze:

Marco:	Eccoci in piazza della Signoria!
Alexandra:	E qual è la galleria degli Uffizi?
Marco:	Eccola, proprio davanti a te!
Alexandra:	Entriamo, voglio visitarla subito! Mi puoi fare il biglietto, per favore?
Marco:	Sì, certo, te lo faccio io ... Due biglietti, per favore. Scusi, a che ora chiude la galleria?
Impiegata:	Alle cinque.
Marco:	Allora abbiamo tempo!
Impiegata:	Lei scherza, vero? Per visitare gli Uffizi non bastano tre giorni!

Dopo alcune ore:

Alexandra:	Marco, tu non sei un po' stanco?
Marco:	Stanco? Sono stanco morto!! Non possiamo fare una pausa?
Alexandra:	Ma certo, usciamo e andiamo a mangiare qualcosa.
Marco:	Buona idea. Che cosa vuoi vedere dopo?
Alexandra:	Dunque... il Duomo, il giardino di Boboli, il Ponte Vecchio e il Mercato Nuovo! Voglio toccare il muso del porcellino: porta fortuna!
Marco:	Perché, sei superstiziosa?
Alexandra:	Non molto, ma un po' di fortuna fa sempre bene!

English conversation: A trip to Florence

Marco:	Two return tickets to Florence, please.
Rail employee:	First or second class?
Marco:	Second class. Can you tell me when the next train leaves?
Rail employee:	One moment please, I'll tell you in a minute ...
	The next train leaves at 8:38 a.m. but you'll have to change in Bologna. Otherwise you have to wait until nine o'clock. That's an intercity which arrives in Florence at 11:53 a.m. but you will have to pay a surcharge.
Marco:	OK, I'll take two tickets for the nine o'clock train, please.

In Florence:

Marco:	Here we are at the Piazza della Signoria!
Alexandra:	And which one is the Uffizi Gallery?
Marco:	Here, facing you!
Alexandra:	Let's go inside, I want to see it right now!
	Can you get me the admission ticket, please?Marco: Sure, I'll get it for you ... Two tickets, please. Excuse me, what time does the gallery close?
Employee:	At five o'clock.
Marco:	We have time then!
Employee:	You're kidding, right? Not even three days would be enough time to see the Uffizi!

After a few hours:

Alexandra:	Marco, aren't you a little tired?
Marco:	Tired? I'm dead tired!! Can't we take a break?
Alexandra:	Sure, let's go outside and eat something.
Marco:	Good idea. What do you want to see afterwards?
Alexandra:	Well... the Duomo (cathedral), Boboli gardens, Ponte Vecchio (bridge) and Mercato Nuovo (market). And I want to touch the piglet's snout; it's said to be lucky.
Marco:	Why? Are you superstitious?
Alexandra:	Not really, but it's always good to have some luck!

Grammar

Double pronouns

When two object pronouns occur together, the indirect pronoun precedes the direct pronoun.
The pronouns change accordingly:

mi + lo (la/li/le/ne)	**me lo (me la/me li/me le/me ne)**
ti + lo	**te lo**
gli + lo	**glielo**
ci + lo	**ce lo**
vi + lo	**ve lo**
gli + lo	**glielo**
si + lo	**se lo**

Mario **mi** *presenta* **suo padre.** ▶ *(Mario)* **me lo** *presenta.*
Mario introduced him (to me).
Mario **mi** *presenta* **sua madre.** ▶ **Me la** *presenta.*
Mario **mi** *presenta* **i suoi fratelli.** ▶ **Me li** *presenta.*
Mario **mi** *presenta* **le sue sorelle.** ▶ s *presenta.*
Mario **ti** *presenta* **suo padre.** ▶ **Te lo** *presenta.*

Infinitive + pronoun

When using a pronoun together with an infinitive, the pronoun is added to the ending of the verb by omitting the final vowel of the infinitive form:

È meglio **parcheggiare la macchina** *qui.*
d *È meglio* **parcheggiarla** *qui.*

With the modal verbs dovere, potere, volere, there are two different ways to add the pronoun:

either in front of the modal verb:
La *voglio parcheggiare qui.*

or attached to the infinitive (the final vowel of the infinitive is omitted):
*Voglio parcheggiar***la** *qui.*

Ecco!

Italians regularly use the expression **ecco** in their speech. It can be broadly translated as **here/there/that/this is (are); look, see.** It is worthwhile to take a closer look at its usage.
Ecco is used above all to refer to or point at something or to emphasize something just said.

Ecco *il tuo quaderno!* (Here is your exercise book!)

Ecco *Mario!* (Here is Mario!)

Tutto è andato bene, *ma* ecco *che lui ha sempre da protestare!*
(Everything went well but nevertheless he always has to protest!)

Eccolo!

It is also possible to attach an object pronoun to ecco:

Ecco il duomo! ▶	**Eccolo!** (Here is the cathedral!/ Here it is!)	
Ecco la galleria! ▶	**Eccola!** (Here is the gallery!/ Here it is!)	
Ecco i giardini! ▶	**Eccoli!** (Here are the gardens!/ Here they are!)	
Ecco le ragazze! ▶	**Eccole!** (Here are the girls!/ Here they are!)	

Additional idiomatic expressions:

Eccomi!	Here I am!
Eccoti!	Here you are!
Eccoci!	Here we are!
Eccovi!	Here you (plural) are!
EccoLe *il resto!*	Here is the rest (for you)!

Exercises

Exercise 1

Fill in ecco and the corresponding pronoun.

1 Hai visto la mia borsa? Sì, ...

2 Dove sono i miei figli? ....

3 Hai una matita, per favore?

Certo, ...

4 Scusi, sa dov'è il duomo?

Certo: .... !

5 Marco, Marco, dove sei?

.... mamma!

6 .... qui, ci avete cercato?

7 Dove sono le fragole? ....

Exercise 2

Replace the underlined words with the appropriate pronouns.

Rearrange the word order where necessary.

Compro il giornale. ▶ **Lo** compro. ....

1 Mangio l'insalata. ....

2 Devo comprare il caffè. ....

3 Che cosa regali a Silvia? ....

4 Vuoi anche tu una birra? ....

5 A Marco piace molto la musica jazz. ....

6 È meglio prendere il tram. ....

7 Anche Alexandra mangia i biscotti. ....

8 Ai miei figli piace giocare a tennis. ....

Exercise 3

Fill in both object pronouns in their correct order when answering the questions.

1 Marco mi regala un disco?

Sì, ...

2 Andrea le porta i fiori?

No, ...

3 Giovanni si lava sempre i denti?

Sì, ...

4 Chi mi porta i giornali?

....Carlo.

5 Mi scrivi una lettera?

Sì, ...

6 Mi dai le chiavi, per favore?

Sì, subito. ....

Exercise 4

Replace the underlined words with the appropriate pronouns.

Dario non dice <u>la verità alla mamma.</u> ▶ Dario non **gliela** dice.

1 Piero racconta <u>una favola a suo figlio.</u> ....

2 Il signor Cattaneo scrive <u>una lettera al direttore.</u> ....

3 Andrea chiede <u>a Maria un piacere.</u> ....

4 La mamma insegna <u>a Fabio l'alfabeto.</u> ....

5 Presento <u>Stefano a mia madre.</u> ....

Exercise 5

Translate the English sentences in the dialogue

A: Buongiorno.

B: Good afternoon. A ticket to Bologna, please.

....

A: Di prima o seconda classe?

B: Second class.

....

A: Ecco a Lei. Fanno 18,50 euro.

B: Excuse me, do you know what time the next train leaves?

....

A: Il prossimo parte alle 14.18, dal binario tredici.

B: Thank you very much. Goodbye.

....

Vocabulary

Below is a list of the vocabulary encountered in this chapter:

alfabeto m	alphabet	**invalido** m	disabled person
altrimenti	otherwise	**matita** f	pencil
andata e ritorno	return Br / round-trip Am ticket	**militare** m	soldier
		muso m	snout, mouth
antico	old, antique	**orario di**	opening
aspettare	to wait	**apertura** m	hours
bastare	to suffice, be enough	**orario** m	schedule
biblioteca f	library	**pausa** f	break, pause
cambiare	to change, switch	**pensionato** m	senior citizen
chiuso	closed	**porcellino** m	piglet
classe f	class	**protestare**	to protest
comunale	municipal	**quaderno** m	exercise book
dente m	tooth	**ridotto**	discounted admission ticket
dunque	well then		
eccoci	here we are	**scherzare**	to joke
eccola	here she is	**sconto** m	reduction
entrare	to enter	**stanco morto**	dead tired
far bene	to do good	**superstizioso**	superstitious
galleria f	gallery	**supplemento** m	surcharge
giardino m	garden	**toccare**	to touch

Business

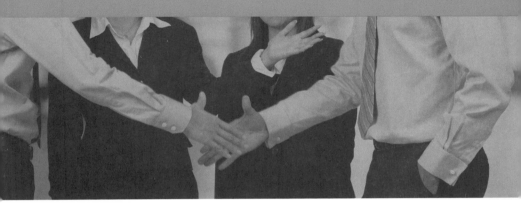

Day 18 is all business. Learn about making calls and a bit of nostalgic history below. You will also start work on learning to spell in Italian, and where to place pronouns when using imperatives.

MAKING A PHONE CALL...

*In the past, public phone boxes **(booths)** were a common feature in most Italian bars, tobacco stores and newsstands **(edicole)** but today they have been virtually phased out. If you want to make a phone call from the phone in a bar or pub you will be charged according to the units you use, indicated by the unit counter **(telefono a scatti)**.*

*Note that while cell (mobile) phones **(telefonino/cellulare)** are very much a fashion accessory, it is largely considered impolite to use them in shops and restaurants.*

Italian conversation: Una telefonata di lavoro

Segretaria:	Pronto, P.T.R. Italia, buongiorno.
Alexandra:	Buongiorno, sono Alexandra Jansen, vorrei parlare con il signor Arturi. È in ufficio?
Segretaria:	Attenda un attimo, per favore, devo guardare ... No, mi dispiace, in questo momento è in riunione, può telefonare più tardi?
Alexandra:	Sì, certo. Tra mezz'ora va bene?
Segretaria:	Sì, benissimo.
Alexandra:	A più tardi, allora.
Segretaria:	A più tardi.

Segretaria:	Pronto, P.T.R. Italia, buongiorno.
Alexandra:	Buongiorno, sono ancora Jansen. Vorrei parlare con il signor Arturi. Me lo può passare?
Segretaria:	Mi dispiace, ma il signor Arturi è ancora in riunione.
Alexandra:	Posso lasciare un messaggio?
Segretaria:	Certamente!
Alexandra:	Dunque, gli dica che confermo l'appuntamento del 10 maggio alle 10.30.

Segretaria:	Bene: ha detto il 10 maggio, vero?
Alexandra:	Sì.
Segretaria:	Mi può ripetere il Suo nome, per favore?
Alexandra:	Alexandra Jansen.
Segretaria:	Scusi, come si scrive il suo cognome?
Alexandra:	Jansen. I lunga, A come Ancona, N come Napoli, S come Savona, E come Empoli e N come Napoli.
Segretaria:	Jansen. Perfetto. Il signor Arturi La deve richiamare?
Alexandra:	No, grazie, non è necessario.
Segretaria:	Arrivederci, allora.
Alexandra:	Arrivederci.

English conversation: A business call

Secretary:	P.T.R. Italy, good morning.
Alexandra:	Good morning, I am Alexandra Jansen. I'd like to speak to Mr. Arturi. Is he in his office?
Secretary:	Just a moment, please, I have to check ... No, I am sorry, he is in a meeting right now. Can you call back later?
Alexandra:	Yes, of course. Let's say in half an hour?
Secretary:	Yes, very well.
Alexandra:	Until later then.
Secretary:	Yes, until later.
Secretary:	P.T.R. Italy, good morning.
Alexandra:	Good morning, it's me again, Jansen. I would like to speak to Mr. Arturi. Can you put me through to him?
Secretary:	I am sorry, but Mr. Arturi is still in a meeting.
Alexandra:	Can I leave a message?
Secretary:	Yes, of course!
Alexandra:	Well then, could you please let him know that I'm confirming the appointment on the 10th of May at 10:30 a.m.
Secretary:	OK, you said the 10th of May, right?
Alexandra:	Yes.
Secretary:	Could you repeat your name for me, please?
Alexandra:	Alexandra Jansen.
Secretary:	I'm sorry, how do you spell your last name?
Alexandra:	Jansen. J, A as in Ancona, N as in Naples, S as in Savona, E as in Empoli and N as in Naples.
Secretary:	Jansen. Perfect. Do you want Mr. Arturi to call you back?
Alexandra:	No, thank you, that's not necessary.
Secretary:	Goodbye then.
Alexandra:	Goodbye.

Grammar

Postion of pronouns in the imperative

When using the imperative be careful where to position the object pronoun (mi, ti, gli, le, Le, ci, vi, si, la, lo, li, le, ci, ne):

(tu)	guarda	prendi	senti
	(Look at it/him!)	(Take it/him!)	(Listen to him!)
(Lei)	lo guardi	lo prenda	lo senta
(noi)	guardiamolo	prendiamolo	sentiamolo
(voi)	guardatelo	prendetelo	sentitelo
(loro)	lo guardino	lo prendano	lo sentano

In the second person singular (tu) and the first and second person plural (noi, voi) the object pronouns are attached directly to the verb. In the third person singular and plural (Lei and loro) they remain in their normal position in front of the verb.

The negative of the second person singular is formed with the infinitive. The last letter of the infinitive is dropped and the pronoun is attached directly to the verb: *non guardarlo, non prenderlo, non sentirlo!*

With the abbreviated imperative in the second person singular of the verbs andare, dare, dire, fare, stare (va', da', di', fa', sta') the first letters of the pronoun are doubled (except with gli):

di'+ mi d dimmi (tell me), fa'+ lo d fallo (do it), da'+ le d dalle (give her)

Spelling words in Italian

A (a)	come Ancona		N (enne)	come Napoli
B (bi)	come Bologna		O (o)	come Otranto
C (ci)	come Cagliari		P (pi)	come Palermo
D (di)	come Domodossola		Q (qu)	come Quarto
E (e)	come Empoli		R (erre)	come Roma
F (effe)	come Firenze		S (esse)	come Savona
G (gi)	come Genova		T (ti)	come Torino
H (acca)			U (u)	come Udine
I (i)	come Imola		V (vu/vi)	come Venezia
J (i lunga)			W (vu doppia)	
K (cappa)			X (ics)	
L (elle)	come Livorno		Y (ipsilon)	
M (emme)	come Milano		Z (zeta)	come Zara

Exercises

Exercise 1

The following exercise includes a number of tips for the preparation of salads. Replace insalata with the pronoun la and make sure to place it in the right position.

E.g. Compra l'insalata. ▶ Comprala!

1 Lava l'insalata.

2 Non lavare l'insalata con l'acqua calda.

3 Taglia l'insalata.

4 Metti l'insalata in un'insalatiera.

5 Condisci l'insalata con olio, aceto, pepe e sale.

6 Assaggia l'insalata.

7 Porta l'insalata in tavola.

8 Mangia l'insalata.

Exercise 2

Repeat exercise 1 using the third person singular (Lei).

Compra l'insalata. ▶ La compri!

1

2

3

4

5 ....

6 ....

7 ....

8 ....

Exercise 3

Form the imperative in the second and third person singular (tu and Lei). **Match the following verbs to fit the items listed below: bere, mangiare, provare, assaggiare, comprare, pagare, prendere, guardare, leggere.** Use the appropriate pronouns.
(e. g. Caffè: Bevilo!/Lo beva!; Compralo!/Lo compri! etc.).

1 caffè   **2** scarpe   **3** spaghetti   **4** libro

Exercise 4

Answer the questions using the imperative. Be careful when to apply **tu** or **Lei**.

1 Scusi, posso aprire la finestra?

Certo, ... pure.

2 Mamma, posso mangiare una caramel-la?

Sì, ...

3 Scusa, posso fumare una sigaretta?

Ma certo, ...

4 Cristina, cosa mi consigli, compro questa gonna o no?

No, ...

5 Le dispiace se chiudo la porta?

No, no, prego .... pure.

6   Roberto ti ha scritto una lettera, posso leggerla?

Sì, certo, ...

Exercise 5

Your friend Piero has a lot of problems and is asking you for advice. Use the expressions suggested in the imperative.

1 La mia macchina è rotta. (portare in officina)

2 Ho litigato con la mia ragazza. (scrivere una lettera)

3 Ho finito il dentifricio. (comprare)

4 Il mio appartamento è in disordine. (pulire)

5 Il 10 aprile è il compleanno di mia mamma. (regalare un mazzo di fiori)

Exercise 6

Complete the following sentences using the imperative forms dammi, fammi and dimmi.

1 Ti prego .... un piacere!

2 Non so cosa fare, ...un consiglio!

3 Marco, ...subito il mio diario!

4 ....la verità questa volta!

5 ....un po' di tempo!

6 È troppo pesante, ...una mano, per favore.

Exercise 7

Which parts go together to form complete sentences?

1 Buongiorno, vorrei	**a** ho chiamato?
2 Mi dispiace,	**b** il suo nome?
3 . Mi sa dire quando	**c** tardi, allora.
4 Provi	**d** lo posso trovare?
5 Può dirgli che	**e** tra un'ora.
6 Sì, certo, qual è	**f** non c'è.
7 A più	**g** arrivederci.
8 Grazie,	**h** parlare con il direttore.

Vocabulary

Below is a list of the vocabulary encountered in this chapter:

appuntamento m	appointment		**messaggio** m	message
attendere	to wait		**mezz'ora**	half hour
caramella f	sweet Br / hard candy Am		**necessario**	necessary
cellulare m	mobile Br / cell phone		**nome** m	name
certamente	certain(ly)		**officina** f	repair shop
cognome m	surname		**passare**	to connect with
condire	to prepare (salad)		**pepe** m	pepper
confermare	to confirm		**perfetto**	perfect
dentifricio m	toothpaste		**provare**	to try (out)
diario m	diary		**regalare**	to give (as a present)
disordine m	disorder		**richiamare**	to call back
edicola f	newsstand		**ripetere**	to repeat
gettone	telephone		**riunione** f	meeting
telefonico m	token		**sale** m	salt
gonna f	skirt		**tagliare**	to cut
lasciare	to leave (behind)		**telefonino** m	telephone
litigare	to quarrel		**tra**	in
mano f	hand		**trovare**	to find
mazzo m	bouquet (flowers)		**volta** f	time

Watching TV

Day 19 introduces you to the love of television in Italy and normal, everyday scenarios at home. It covers the present continuous tense (used to express an ongoing action such as sleeping, eating, talking), negations (saying no) and the preposition di.

ITALIAN TV...

*Television plays an important role in daily life in Italy. The national broadcasting corporation **Rai (Radiotelevisione italiana)** maintains three channels: **Raiuno, Raidue, and Raitre**. The number of private stations has risen considerably over the last few years resulting in a proliferation of quiz and talk shows, as well as movie channels. In most Italian households the TV sets are kept turned on throughout the day, and even during mealtimes, without much attention being paid to what's on.*

Italian conversation: Davanti al televisore

Alexandra: Ah, sei qui, Valentina!
               Che cosa stai facendo?
Valentina: Sto guardando la televisione.
Alexandra: Non esci stasera?
Valentina: No, preferisco restare in casa.
Alexandra: Che cosa stai guardando?
Valentina: Un film americano degli anni trenta, in bianco e nero.
               Hai voglia di guardarlo anche tu?
Alexandra: Mah, non so. Sai che non guardo mai questo genere di film
               alla televisione. Non capisco niente e mi annoio.
Valentina: Ma qui la storia è molto semplice! Dunque, Rosemarie, la
               ragazza, è innamorata di Peter e lo vuole sposare, ma il
               padre non è d'accordo. Ecco, adesso lei sta andando dal suo
               fidanzato per dirgli che vuole scappare con lui. Ma il padre ha
               capito tutto e ha deciso di seguirla.
Alexandra: Su che canale è?
Valentina: Sul primo.
Alexandra: Non vuoi guardare che cosa c'è sul secondo?
Valentina: Aspetta, questa scena è molto divertente: la figlia è andata
               in una chiesa dove l'aspetta il suo fidanzato. Ma anche suo
               padre è lì, vestito da prete, e lei non l'ha riconosciuto e gli sta
               chiedendo un consiglio.
Alexandra: E dov'è il suo fidanzato?
Valentina: Lui ha già riconosciuto il padre della ragazza e sta cercando
               di nascondersi.
Alexandra: Dov'è il telecomando?
Valentina: Non lo so. Ah, guarda, adesso anche lei ha riconosciuto suo
               padre ed è svenuta!
Alexandra: È svenuta davvero?
Valentina: Uffa, Alessandra! Se non smetti di parlare, non capisco
               niente neanch'io!!!

English conversation: In front of the TV

Alexandra:	Ah, there you are, Valentina! What are you doing at the moment?
Valentina:	I'm watching TV.
Alexandra:	You're not going out tonight?
Valentina:	No, I'd rather stay in.
Alexandra:	What are you watching?
Valentina:	An American movie from the thirties in black and white. Do you want to watch it, too?
Alexandra:	Oh, I don't know. You know that I never watch those kinds of movies on television. I don't understand anything and get bored.
Valentina:	But the story is very simple! Well, Rosemarie the girl is in love with Peter and wants to marry him but her father is against it. So she goes to her fiancé to tell him that she wants to run away with him. But her father figures that out and decides to follow her.
Alexandra:	What channel is this on?
Valentina:	Channel one.
Alexandra:	Don't you want to see what's on channel two?
Valentina:	Wait, this scene is very funny: the daughter goes to the church where her fiancé is waiting for her. But her father is there too, dressed up as priest, and she doesn't recognize him and now she's asking him for advice.
Alexandra:	And where is her fiancé?
Valentina:	He has already recognized the girl's father and is trying to hide.
Alexandra:	Where is the remote control?
Valentina:	I don't know. Look, she has just recognized her father and has fainted.
Alexandra:	Did she really faint?
Valentina:	Phew, Alexandra! If you don't stop talking I won't understand anything either!

Grammar

The present progressive

In Italian, like in English, the present progressive tense expresses an action that is ongoing at the moment of speaking. It is formed with the conjugated verb stare (see Lesson 2) and the gerund:

guard-are	prend-ere	sent-ire
guard-**ando**	prend-**endo**	sent-**endo**

Irregular gerund forms:

bere – **bevendo**	fare – **facendo**
dire – **dicendo**	tradurre – **traducendo**

stare + gerund

io	**sto**	**guardando** la televisione. (I'm watching TV.)
tu	**stai**	**leggendo** il giornale.
lui, lei, Lei	**sta**	**mangiando.**
noi	**stiamo**	**andando** a casa.
voi	**state**	**parlando.**
loro	**stanno**	**dormendo.**

The corresponding pronouns can be positioned either in front of the verb stare or after the gerund:
– **Lo** sto mangiando.   Sto mangiando**lo**.

uscire	(to go out)		
io	esco	noi	usciamo
tu	esci	voi	uscite
lui, lei, Lei	esce	loro	escono

Double negatives

There are a number of situations in Italian when a double negative has to be used:

Non bevo **mai** il caffè. (I never drink coffee.)
Non compro **niente/nulla.** (I don't buy anything.)
Non conosco **nessuno.** (I don't know anyone.)
Non viene **nemmeno/neanche/neppure** Maria.
(Maria is also not coming.)

But:
In sentences starting with **mai, niente, nulla, nessuno, nemmeno, neanche, neppure** the **non** is omitted:
Nessuno ha telefonato. (No one called.)
Nemmeno Maria è venuta. (Maria did not come either.)
Neanche lei lo conosce. (She doesn't know him either.)

The preposition di

The preposition di is used:

to express possession (genitive)	*la casa* **di** *Maria* (Maria's house)
for specification of material	*un maglione* **di** *lana* (a wool pullover)
to express time	*di mattina, d'estate* (in the morning, in the summer)
to define where a person is from	*Sono* **di** *Palermo.* (I'm from Palermo.)
as a partitive article	*due chili* **di** *mele* (two kilos of apples)

after idiomatic expressions such as:

essere innamorato **di** (to be in love with)

avere voglia **di** (to want to)

avere paura **di** (to be afraid of)

decidere **di + infinitive** (to decide to)

credere **di + infinitive** (to believe)

cercare **di + infinitive** (to try to)

finire **di + infinitive** (to end)

smettere **di + infinitive** (to stop)

sperare **di + infinitive** (to hope to)

Exercises

Exercise 1

Fill in the correct gerund form.

1 parlare

2 dare

3 dire

4 vedere

5 pulire

6 incontrare

7 venire

Exercise 2

Write the sentences in the present progressive using the following example.

Marco va in ufficio in macchina.d Marco sta andando in ufficio in macchina.

1 Piera si veste in camera sua.

2 Zia Carla parte per le vacanze.

3 Andiamo a fare la spesa al supermercato all'angolo.

4 Fa i compiti.

5 Telefonano a Carla per dirle di venire più tardi.

6 Ascolti le notizie alla radio.

Exercise 3

Answer the questions using the following example.

Hai già letto questo libro?

No, lo sto leggendo adesso.

1 Hai già telefonato a Patrizia?

No,

2 Si è già alzata Marina?

No,

3 Hai già scritto a Silvia?

No,

4 Avete già bevuto il caffè?

No,

5 Maria è già uscita?

No,

6 Hai già preparato il pranzo?

No,

Exercise 4

Insert non where necessary.

1 Piero _____ va mai al cinema.

2 Nessuno _____ è venuto a trovarmi.

3 Mi dispiace, _____ voglio comprare niente.

4 Forse _____ ha invitato neanche Alexandra.

5 Neanche Marina _____ è stata invitata.

6 _____ sono mai stato in Cina.

7 Nessuno _____ l'ha visto.

8 _____ vuole mai niente.

Exercise 5

Fill in the correct prepositions.

1 Marco non ha paura _____ niente.

2 Vado _____ Firenze _____ treno.

3 Quando finisci _____ lavorare?

4 La macchina _____ Patrizia è parcheggiata qui _____ angolo.

5 Hai voglia _____ venire _____ cinema?

6 Mi dia mezzo chilo _____ ciliegie.

7 Vorrei tre cestini _____ fragole.

8 Torno _____ casa _____ otto.

Exercise 6

Which parts go together to form complete sentences?

1 Di solito Luca smette di   **a** andare in Venezuela.

2 Ho voglia di un   **b** Valentina.

3 Paolo è innamorato di   **c** dentista?

4 Stefania ha deciso di   **d** gelato.

5 Non hai paura del   **e** lavorare alle cinque.

Vocabulary

Below is a list of the vocabulary encountered in this chapter:

americano	American	**notizia** f	news
anni trenta	thirties	**nulla**	nothing
annoiarsi	to be bored	**paura** f	fear
canale m	channel	**prete** m	priest
cercare di	to try	**restare**	to stay
ciliegia f	cherry	**riconoscere**	to recognize
compito m	homework	**scappare**	to flee, run away
decidere (di)	to decide	**scena** f	scene
fidanzato m	fiancé	**seguire**	to follow
genere m	kind, genre	**smettere**	to stop
innamorato (di)	to be in love (with)	**sperare**	to hope
maglione m	pullover Br / sweater Am	**sposare**	to marry
nascondersi	to hide (oneself)	**svenire**	to faint
neanche	not even	**telecomando** m	remote control
nemmeno	not even	**televisore** m	TV set
neppure	not even	**tradurre**	to translate
nero	black	**uffa**	phew
nessuno	no one	**vestito da**	dressed up as

Holidays

Day 20 helps you to plan your annual holidays. You will also learn the prepositions a and in and how to use them, and how to use direct object pronouns in the past tense.

ITALIAN HOLIDAYS...

January 1 Capodanno	New Year's Day
January 6 Epifania	Epiphany (Little Christmas)
Pasqua	Easter
April 25 Anniversario della Liberazione	Liberation Day
May 1 Festa dei Lavoratori	Labour Day
August 15 Assunzione di Maria (Ferragosto)	Assumption
November 1 Ognissanti	All Saints Day
December 25 Natale	Christmas Day
December 26 Santo Stefano	St. Stephen's Day

Italian conversation: Un giorno di festa

Il 25 aprile è stata proprio una giornata speciale.

Tutta la famiglia Simoni si è alzata di buon'umore. Il papà ha

promesso di lavare la macchina (che miracolo!) e di fare una partita a carte con la nonna.

Valentina e Stefano hanno deciso di preparare il pranzo per fare una sorpresa alla mamma e

l'hanno mandata con Alessandra a fare una passeggiata. Poi sono andati in cucina e Valentina

ha iniziato a preparare le lasagne. Ma ha telefonato Paolo e Valentina le ha dimenticate nel

forno, così si sono bruciate. Stefano invece ha preparato un arrosto di vitello con patate.

Purtroppo le patate le ha salate un po' troppo, ma almeno non le ha dimenticate nel forno.

Quando Piera e Alessandra sono tornate tutta la famiglia si è seduta atavola. Che sorpresa per

la mamma! Stefano e Valentina hanno servito le lasagne bruciate e tutti le hanno mangiate

di gusto (soprattutto la mamma). Alla fine del pranzo hanno portato in tavola una bellissima

torta con la scritta „Alessandra". L'hanno comprata in pasticceria e poi l'hanno decorata con la

panna. Alla sera è arrivato Marco. È venuto per vedere Alessandra e l'ha portata fuori a cena.

Chissà a che ora sono tornati?!

English conversation: A holiday

The 25th of April was really a special day.

The entire Simoni family got up in a good mood. Their father promised to wash the car

(a miracle!) and to play cards with grandma.

Valentina and Stefano decided to prepare lunch to surprise their mother whom they'd sent for a

walk with Alexandra. Then they went into the kitchen and Valentina started to make lasagna but

Paolo phoned and Valentina forgot to take the lasagna out of the oven with the result that it got

burnt. Stefano, on the other hand, prepared roast veal with potatoes. Though he added a little

too much salt to the potatoes, he nevertheless did not forget to take them out of the oven. When

Piera and Alexandra returned home, the whole family sat down at the table for a meal. And what

a surprise it was for their mother! Stefano and Valentina served the burnt lasagna and everyone enjoyed eating it (especially mother). At the end of lunch they presented a wonderful cake with "Alessandra" written on it which they had bought in the pastry shop and then decorated with whipped cream. Marco came in the evening. He came to see Alexandra and he took her out for dinner. Who knows what time they came back?!

Grammar

Past perfect tense + pronouns

The endings of past participles that are formed with the auxiliary verb avere can change if the conjugated verb in the perfect tense is preceded by a direct object pronoun (la, le, lo, li, ne):

> Hai mangiato il pane? Sì, l'ho mangiato. (l' = lo)
> Hai mangiato la pizza? Sì, l'ho mangiata tutta. (l' = la)
> Hai comprato i biglietti? Sì, li ho comprati.
> Quando hai visto Piera e Simona? Le ho viste ieri.

If the object precedes the verb, the appropriate pronoun is also inserted:

Marco ha comprato le patate, Silvia ha comprato i piselli.
Le patate le ha comprate Marco, i piselli li ha comprati Silvia.

In the second example the words patate and piselli are positioned at the beginning for emphasis.

The preposition a

The preposition a is used:

to define the indirect object

Lo porto a Maria.	(I bring it to Maria.)

to specify locations and directions

a Roma	(to/in Rome) (with cities and small islands)
al mercato	(to the market)
al mare	(to the sea)
al bar	(to/into the bar)
a scuola	(to/into the school)

to define times

alle *due e mezza*	(at half past two)
a *Natale*	(at Christmas)
a *maggio*	(in May)

as a specification of way and manner

saltimbocca **alla** *romana*	
un vestito **a** *righe*	(a striped dress)

as an indication of means

andare **a** *piedi*	(to go on foot)

with quantities

due euro **al** *chilo*	(two euros per kilo)
100 chilometri **all'***ora*	(100 km/h)
una volta **al** *mese*	(once a month)

after specific verbs, such as

cominciare **a** + **infinitive**	(to start to)
continuare **a** + **infinitive**	(to continue to)
riuscire **a** + **infinitive**	(to succeed in)

The preposition in

The preposition in is used:

to specify locations and directions

in *Italia*	(in/to Italy)
	(with countries and larger islands)
in *centro*	(in/into the centre)
in *città*	(in/into the city)
in *ufficio*	(at/into the office)

to define times

in *primavera*	(in springtime)
in *maggio*	(in May)
in *tre giorni*	(within three days)

to specify mode of transportation

in *bicicletta*	(by bicycle)
in *treno*	(by train)

Exercises

Exercise 1

Answer the questions. **Dove hai visto mia madre? (in giardino)** ▶ **L'ho vista in giardino.**

1 Hai già letto il giornale? (sì)

....

2 Quando hai sentito la radio? (stamattina)

....

3 Hai già fatto la spesa oggi? (no, non ancora)

....

4 Dove hai comprato queste melanzane? (al mercato)

....

5 Hai già visto l'Aida? (sì)

....

6 Hai già provato questi spaghetti? (sì)

....

7 Dove hai conosciuto i miei genitori? (a Firenze)

....

Exercise 2

Fill in the correct endings.

Oggi Marco ha preparat ....(1) l'anatra all'arancia. Ha trovat............................

(2) la ricetta in un vecchio libro di cucina, l'ha lett ....(3)

molto bene e poi ha iniziat............................(4) a cucinare. Ha preparat .... (5)

la carne poi l'ha mess ....(6) in forno. Dopo mezz'ora l'ha pres

............................(7) e l'ha mess ....(8) sul balcone. Ma un gatto l'ha

vist ....(9) e l'ha mangiat ....(10). Ecco perché oggi tutta la

fami-glia è andat............................(11) al ristorante.

Exercise 3

A page from Alexandra's diary (calendar). What did she do yesterday?

Ieri Alessandra..

....

....

....

Exercise 4

Put the following pronouns where they belong:

li – gli – gli – la – la – lo – l' – ti – le – te la.

1 Conosci Marina? Sì,........................... conosco.

2 Quando hai telefonato a Marco?

.... ho telefonato alle tre.

3 Mi scrivi una lettera? Sì,........................... scrivo.

4 Hai invitato Sandra e Paolo alla festa?

No, non........................... ho invitati.

5 Dove hai comprato questa torta?.

.... ho comprata alla pasticceria Centrale.

6 Mi vedi bene, adesso?

Sì, adesso........................... vedo benissimo.

7 Bevi il caffè? No, non........................... **bevo mai.**

8 Guardi spesso la televisione?

Sì,........................... **guardo molto spesso.**

9 Che cosa hai scritto a Gino?

.... ho scritto una cartolina.

10 Che cosa regali a Silvia per il suo compleanno?

.... regalo un libro.

Exercise 5

Rewrite the story in the past tense.

Oggi Roberto si alza presto. Fa colazione in un bar e poi va in ufficio. Alle 11.00 gli telefona Cristina e gli chiede di andare a pranzo insieme. Così si incontrano alle 12.30 al ristorante „Al Mulino" e mangiano una bella insalata. Poi Roberto torna in ufficio. Alle 18.00 esce e va a casa di Mariella. Loro chiacchierano un po' e poi vanno al cinema. Dopo il cinema vanno in un bar e a mezzanotte tornano a casa.

Ieri Roberto ....

....

....

....

Exercise 6

Fill in the imperative of the verbs provided.

Oggi Piera è molto arrabbiata con Stefano e gli dice:(studiare) ....

.... un po', (pulire) .... la tua stanza, (non ascoltare)

.... sempre la musica, (fare) .... il tuo letto, (porta)

.... la nonna dal dottore, (leggere)............................... un libro, (andare)

.... a letto presto, (non fumare) tante sigarette e (ascoltare)

un po' quando ti parlo!!!

Exercise 7

Fill in the missing parts of this interview.

A: Scusi, signora, ... ?

B: Abito a Milano. ....

A: .... ?

B: Sono nata a Pavia.

A: .... ?

B: Ho tre figli.

A: .... ?

B: Sì, lavoro in banca.

A: .... ?

B: Mi alzo alle sette.

A: .... ?

B: Comincio a lavorare alle nove.

A: .... ?

B: A mezzogiorno mangio in mensa.

A: .... ?

B: Finisco di lavorare alle 17.30.

Exercise 8

Write Mrs. Rinaldi's personal history. Use some of these expressions:

data di nascita = date of birth

frequentare = to visit

luogo di nascita = place of birth

sposarsi con = to marry

dal... al... = from... to...

lavorare come = to work as

Francesca Rinaldi è ....

....

....

....

....

....

Vocabulary

Below is a list of the vocabulary encountered in this chapter:

arrabbia	to angry, upset	**mulino** m	mill
arrosto m	roast	**nascita** f	birth
bruciare	to burn	**noce** f	nut
carte f pl	cards	**panna** f	cream
chiacchierare	to chat	**pisello** m	pea
chissà	who knows	**portare fuori**	to take out
dal... al...	from...to...	**posta** f	post Br / mail Am
data di nascita f	date of birth	**promettere**	to promise
decorare	to decorate	**ricetta** f	recipe
di buon'umore	in a good mood	**salare**	to salt
dimenticare	to forget	**scritta** f	inscription / message
festa f	holiday, feast	**scuola**	elementary
forno m	oven	**elementare** f	school
gusto m	taste	**scuola media** f	middle school
lavorare come	to work as	**servire**	to serve
luogo m	place	**sorpresa** f	surprise
luogo di nascita m	place of birth	**speciale**	special
mandare	to send	**stanza** f	room
mangiare di gusto	to enjoy eating	**torta** f	layered cake
matrimonio m	wedding	**umore** m	mood
miracolo m	miracle	**vitello** m	veal

Test 4

Work your way around the board. Each correct answer will take you to the next question until you have completed the exercise. Enjoy!

1
Choose the correct answer on square 2, then go on to the square with the number of your answer.

2
Dov'è Marco? ...

Lo ecco! ▶14
Eccolo! ▶23

3
Wrong!

Go back to number 13.

8
Wrong!

Go back to number 28.

9
Good! Continue:
La banca è ... supermercato.
vicino al ▶12
vicino il ▶27

10
Wrong!

Go back to number 20.

11
Good! Continue:
Mi porti un caffè?
Sì, ... porto.
lo ti ▶30
te lo ▶4

16
Great! Continue:
Sandra, ..., sono le otto.
svegliati ▶29
ti sveglia ▶21

17
Wrong!

Go back to number 24.

18
Wrong!

Go back to number 15.

19
Wrong!

Go back to number 6.

24
Good! Continue:
Ecco il caffè: ...!
bevilo ▶6
lo bevi ▶17

25
Wrong!

Go back to number 23.

26
Very good! Continue:
Giulia, ... tardi!
non tornare ▶9
non torna ▶5

27
Wrong!

Go back to number 9.

4
Good! Continue:
Che cosa stai ... ?
fando ▶7
facendo ▶13

5
Wrong!

Go back to
number 26.

6
Very Good! Continue:
... nessuno.
Non viene ▶16
Viene ▶19

7
Wrong!

Go back to
number 4.

12
Correct! Continue:
Signora, ...
qui per favore!
viene ▶22
venga ▶20

13
Good! Continue:
Finisco ... alle 17.00.
lavorare ▶3
di lavorare ▶28

14
Wrong!

Go back to
number 2.

15
Correct! Continue:
Hai fame? ... qualcosa.
Mangi ▶18
Mangia ▶26

20
Correct! Continue:
Marco, ... tutto.
mi di' ▶10
dimmi ▶24

21
Wrong!

Go back to
number 16.

22
Wrong!

Go back to
number 12.

23
Very good! Continue:
... conosco nessuno.
Io ▶25
Non ▶11

28
Very good! Continue:
Hai visto Simona?
Sì, ...
l'ho vista ▶15
l'ho visto ▶8

29
Correct!

End of exercise!

30
Wrong!

Go back to
number 11.

Celebrations

Day 21 talks about reminiscing (time to learn the imperfect tense) and celebrations in Italy. You will also learn some more irregular verbs and prepositions of time. Exercises will help to reinforce what you have learned, and you will further increase your vocabulary.

CONGRATULATIONS...

*Birthdays are celebrated in Italy like everywhere else. Well-wishers congratulate with **Auguri!** and **Buon compleanno!** One custom is to pinch the birthday child's ears once for every year they have. Your name day **(onomastico)** also constitutes another occasion to celebrate. Though presents are not normally given, it's usual to say **Auguri!** or **Buon onomastico!** and make a toast to the person who in turn usually invites their friends for a drink **(offrire da bere)**.*

Italian conversation: La nonna racconta

Alla nonna piace molto stare insieme a tutta la famiglia
a chiacchierare e giocare. In particolar modo le piace molto raccontare della sua giovinezza.

Carlotta: La mia famiglia viveva in un piccolo paese di pescatori. Amavamo molto il mare.
Non avevamo tante cose ma ci divertivamo lo stesso. D'estate, la sera, noi ragazze ci sedevamo
davanti alla porta di casa, ricamavamo o lavoravamo a maglia e guardavamo i ragazzi che
passavano. La domeni-ca andavamo a ballare sulla piazza del paese, mio papà non voleva, ma io
andavo di nascosto. Un giorno mi ha visto. Non mi ha detto niente, ma quando sono tornata a
casa mi ha proibito di uscire per quattro settimane. Non era cattivo, ma severo. Poi è scoppiata la
guerra e la vita è cambiata per tutti.

English conversation: Grandmother tells a story

Grandmother likes to be together with the whole family, chatting and playing games. She
especially likes to tell stories about her youth.

Carlotta: My family lived in a small fishing village. We loved the sea. We didn't have much but
we still enjoyed ourselves. On summer evenings, we girls sat in front of the house, doing some
embroidery or knitting and watching the boys passing by. On Sundays we went to the dance in the
village square. My father didn't want me to go there but I went secretly. One day he saw me. He
didn't say a word but when I returned home he didn't allow me to go out for four weeks. He wasn't
mean but he was strict. Then the war broke out and life changed for everybody.

Grammar

Imperfect tense

	guardare	leggere	dormire	essere
io	guardavo	leggevo	dormivo	ero
tu	guardavi	leggevi	dormivi	eri
lui, lei, Lei	guardava	leggeva	dormiva	era
noi	guardavamo	leggevamo	dormivamo	eravamo
voi	guardavate	leggevate	dormivate	eravate
loro	guardavano	leggevano	dormivano	erano

Irregular verbs

bere: bevevo, bevevi, beveva, bevevamo, bevevate, bevevano
dire: dicevo, dicevi, etc.
fare: facevo, facevi, etc.
tradurre: traducevo, traducevi, etc.

The imperfect tense is used:

to express a habit in the past
Da bambina giocavo sempre con le bambole.
to describe a state in the past
La casa non era grande ma aveva un bel giardino.
to indicate an action in the past that was not completed when another action occurred
Mentre leggevo il giornale, è arrivato Paolo.
to indicate an action in the past that was not completed at a given moment in time
A mezzogiorno Fabio dormiva ancora.

while/during

The term **while** can be translated into Italian by using **mentre + verb:**
Ieri, **mentre** *Marco* **passeggiava** *nel parco, ha incontrato Fulvio.*
During is translated by **durante + noun:**
Ieri, **durante una passeggiata** *nel parco, Marco ha incontrato Fulvio.*

Prepositions relating to time

a = at	*Paolo torna alle cinque.*
da = since	*Lo conosco da tre anni.*
da...a = from...to	*Dal 1992 al 1995 ho lavorato a Pisa.*
fa = ago	*L'ho conosciuto due mesi fa.*
fra/tra = in	*Fra tre giorni vado al mare.*
in = in	*In primavera faccio molto sport.*
in = within	*Le fotografie sono pronte in tre giorni.*
per = for	*Alexandra resta a Milano per tre mesi.*

Exercises

Exercise 1

Fill in the correct form of the imperfect tense.

Da bambina in estate .... (andare) sempre al mare con la mamma. Il papà ci

.... (accompagnare) in macchina, ma lui .... (restare) solo due

giorni e poi .... (tornare) in città, perché .... (dovere) lavorare.

(Noi) .... (andare) sempre nello stesso posto. L'albergo ....

(essere) piccolo ma direttamente sul mare. La mattina (noi) .... (fare) cola-zione in

terrazza, poi .... (andare) in spiaggia. La spiaggia non ....

(essere) molto grande, ma noi bambini .... (giocare) felici tutto il

giorno. La sera (noi) .... (telefonare) al papà e gli ....

(raccontare) le nostre avventure.

Exercise 2

Imperfect or perfect tense? Fill in the correct form.

1 Al mare Valeria .... sempre al ristorante. (mangiare)

2 Mentre .... a casa, Simona .... Gino. (tornare – incontrare)

3 Tutti i giorni, alle otto, Marco .... di casa per andare a scuola. (uscire)

4 Da bambina Marta .... i capelli biondi. (avere)

5 Mentre Piera .... l'autobus, ... (aspettare – svenire)

6 Ieri, mentre (io) .... la tele-visione, ... Mario. (guardare – arrivare)

7 Da giovane mi .... andare a ballare. (piacere)

Exercise 3

Use the past tense to translate the following sentences:

Yesterday, while I was sleeping, the telephone rang.

Ieri, mentre...

Yesterday, while I was drinking my coffee, my (female) colleague arrived.

Ieri, mentre

Yesterday, while I was knitting, a cat came in.

Ieri, mentre

Yesterday, while I was working, my (male) colleague smoked a cigarette

Ieri, mentre

Exercise 4

Fill in the correct prepositions of time.

1 Non vedevo mio zio _____ 1989.

2 Ieri, _____ la lezione, il professore ha spiegato l'uso dell'imperfetto.

3 Ho fame, non mangio _____ tre giorni.

4 Ti ho aspettato _____ un'ora e poi sono andato a casa.

5 _____ venivo qui, ho visto tua madre.

6 _____ che ora inizia il film? _____ 10.00.

7 _____ una settimana parto per le vacanze.

Exercise 5

Who's who? Choose the correct answers.

1 Il papà di mio marito?

            a mio padre   **b** mio suocero   **c** mio cognato

2 Il figlio della sorella di mia mamma?

            a mio fratello   **b** io   **c** mio cugino

3 La suocera di mia madre?

            a mia nonna   **b** mia zia   **c** mia cognata

4 La mamma del fratello di mio marito?

            a mia zia   **b** mia cognata   **c** mia suocera

LA MIA FAMIGLIA

MIA NONNA | MIO NONNO

MIA MADRE | MIO PADRE | MIA ZIA | MIO ZIO

IO | MIA SORELLA | MIO FRATELLO | MIO CUGINO | MIA CUGINA

MIA NIPOTE

LA FAMIGLIA DI MIO MARITO

MIA NONNA | MIO NONNO

SUS MAMMA | SUO FRATELLO (MIO COGNATO) | SUA SORELLA (MIA COGNATA)

Vocabulary

Below is a list of the vocabulary encountered in this chapter:

avventura *f*	*adventure*	**nonno** *m*	*grandfather*
bambola *f*	*doll*	**offrire**	*to offer*
cattivo	*nasty, mean, bad*	**onomastico** *m*	*name day*
cognata *f*	*sister-in-law*	**pescatore** *m*	*fisherman*
cognato *m*	*brother-in-law*	**professore** *m*	*professor*
cosa *f*	*cause, matter*	**proibire**	*to forbid, prohibit*
di nascosto	*secretly*	**ricamare**	*to stitch, embroider*
direttamente	*directly*	**scoppiare**	*to burst, break out*
durante	*during*	**scoppia**	*the war*
felice	*happy, content*	**la guerra**	*breaks out*
giovinezza *f*	*youth*	**severo**	*strict*
guerra *f*	*war*	**solo**	*alone*
iniziare	*to start*	**spiegare**	*to explain*
lezione *f*	*lesson*	**suocera** *f*	*mother-in-law*
lo stesso	*anyway,*	**suocero** *m*	*father-in-law*
	nevertheless	**terrazza** *f*	*terrace*
mentre	*while*	**uso** *m* *use*	

Fashion

Day 22 is all about Italian fashion and learning how to compare and contrast items and discuss likes and dislikes. You will learn comparatives, colors, adjectives, and any irregular forms that the latter may take. Further exercises reinforce your learning and an extensive vocabulary list will help you progress even faster.

ITALIAN FASHION...

*Not only is **Milan a major fashion capital of the world**, but the whole of Italy is known for its excellent style. Many expensive brands originate in Italy and have a solid customer base in the country itself.*

It comes as no surprise that Italy ranks as the European country with the highest budget for clothes and shoes per capita. And designer Italian furtniture is also revered.

Italian conversation: Sfilata di moda

Alexandra:	Buongiorno signor Arturi, sono Alexandra Jansen.
Signor Arturi:	Piacere signorina Jansen, finalmente ci conosciamo di persona. Si trova bene qui in Italia?
Alexandra:	Sì, grazie. Milano mi piace molto e il lavoro è veramente interessante. A proposito: ha già visto la nostra collezione autunno – inverno?
Signor Arturi:	No, aspettavo Lei.
Alexandra:	Allora possiamo cominciare ... Prego, signorina! ... Il primo modello è un cappotto di lana grigio scuro, giacca a righe verticali con gonna in tinta unita nera; una bella camicetta di seta bianca e accessori in pelle nera.
Signor Arturi:	Bel cappotto, molto elegante. In quali colori è disponibile?
Alexandra:	Oltre al grigio scuro, in marrone, beige e blu notte. Ecco il campionario; che colore Le piace di più?
Signor Arturi:	Il blu e il marrone sono i più belli, secondo me.
Alexandra:	Veniamo al secondo modello: un maglione di angora rosso, pantaloni scozzesi, cappotto corto nero, borsa e scarpe col tacco alto di camoscio.
Signor Arturi:	Questo modello è più sportivo del precedente, ma lo preferisco. Il cappotto corto non è così elegante ma sicuramente più pratico e si vende senz'altro bene.
Alexandra:	Ha ragione anche se lo stesso modello in verde scuro e in bianco è più elegante che in nero. Ma passiamo al terzo modello ...

English conversation: The fashion show

Alexandra:	Good morning, Mr. Arturi, I am Alexandra Jansen.
Mr. Arturi:	My pleasure Ms. Jansen, we are finally getting to know one another personally. Do you like it here in Italy?
Alexandra:	Yes, thank you. I like Milan a lot and my work is really interesting. By the way, have you already seen our autumn-winter collection?
Mr. Arturi:	No, I was waiting for you.
Alexandra:	Then we can begin ... Please ... The first style is a dark grey wool coat, a jacket with vertical stripes and a plain black skirt; a nice white silk blouse and accessories in black leather.
Mr. Arturi:	Nice coat, very elegant. In which colours is it available?

Alexandra:	Besides dark grey, in brown, beige and deep blue. Here's the catalogue with samples. Which colour do you like best?
Mr. Arturi:	The blue and brown ones are the prettiest, to my mind.
Alexandra:	Let's see the second model: A red angora wool pullover, plaid trousers, a short black coat, suede handbag and shoes with high heels.
Mr. Arturi:	This style is sportier than the previous one but I prefer it. The short coat isn't as elegant but certainly more practical and will definitely sell well.
Alexandra:	You're right, even if the same model in dark green and white is more elegant than the black. But let's go on to the third model ..

Grammar

Comparative and superlative

1 The comparative is formed by adding **più** (more) or **meno** (less) before the adjective:

più bello	nicer
meno bello	less nice

2 The superlative is expressed by using the **comparative with the definite article:**

È la più bella casa della città.
(It is the nicest house in the city.)

3 Italian also has an absolute superlative that is formed with the ending **-issimo.**
This form omits the comparative and is used to express an extreme quality of an object:

È una casa bellissima.
(It is a most beautiful house.)

Irregular comparatives

| buono (good) | migliore (better) | il migliore (the best) | ottimo (very good) |
| cattivo (bad) | peggiore (worse) | il peggiore (the worst) | pessimo (very bad) |

The regular comparative of **buono** *(più buono, buonissimo)* and **cattivo** *(più cattivo, cattivissimo)* is only used in reference to persons and food:

La pizza è buonissima.
Marco è più cattivo di suo fratello.

Other irregular comparatives

grande	più grande (greater, larger)	grandissimo
	maggiore (older, more significant)	massimo
piccolo	più piccolo (smaller)	piccolissimo
	minore (younger, lesser)	minimo
alto	più alto (higher, taller)	altissimo
	superiore (upper, better)	supremo, sommo
basso	più basso (lesser, lower)	bassissimo
	inferiore (lower, worse)	infimo

Comparative clauses

When comparing people or objects with **as ... as** use
(tanto) ... quanto oder **(così) ... come**

Gianni è (così) alto come suo padre.
Margherita è (tanto) simpatica quanto Rosa.

The English **than** is expressed in Italian with **di** when followed by a name, noun or pronoun. Before a preposition, adjective, adverb or verb use **che**:

Roma è più grande di Venezia. (Rome is larger than Venice.)
Meglio tardi che mai. (Better late than never.)

Color adjectives

The following adjectives can **change their endings:**

bianco, rosso, nero, verde, giallo, grigio, azzurro, marrone.

These **always stay the same:** **blu, rosa, viola, beige** and combinations such as **verde chiaro** or **verde scuro.**

Irregular adjective forms

Generally the adjective follows the noun in Italian. However, **bello, brutto, grande, buono** and **bravo** can also be positioned in front of the noun in which case some of them change their form.

	bello	**buono**
before masc. sing.	**bel** *ragazzo*	**buon** *caffè*
before masc. sing. with vowel	**bell'** *uomo*	**buon** *amico*
before masc. sing. with z, s+consonants, ps, gn	**bello** *spettacolo*	**buono** *sconto*
before masc. plur.	**bei** *ragazzi*	**buoni** *caffè*
before masc. plur. with vowel	**begli** *uomini*	**buoni** *amici*
before masc. plur. with z, s+consonants, ps, gn	**begli** *spettacoli*	**buoni** *sconti*
before fem. sing.	**bella** *ragazza*	**buona** *pizza*
before fem. sing. with vowel	**bell'** *attrice*	**buon'** *amica*
before fem. plur.	**belle** *ragazze*	**buone** *pizze*
before fem. plur. with vowel	**belle** *attrici*	**buone** *amiche*

The adjective **grande** can be abbreviated to **gran** before nouns starting with a consonant (but not with z or s + consonant): **gran** *signore*
Adjectives can be apostrophized when positioned in front of vowels: **grand'** *uomo*

Exercises

Exercise 1

Form comparative sentences with the following adjectives.

| vecchio Paolo / Roberto | **Paolo è più vecchio di Roberto** |

1 elegante il cappotto / la giacca

....

2 comodo aereo / treno

....

3 moderno la lambada / il valzer

....

4 pratico i pantaloni / la gonna

....

5 facile l'inglese / l'italiano

....

Exercise 2

Che cosa ti piace di più? Say what you like better. When do you use di and when che?

Le sigarette / i sigari   Mi piacciono

di più le sigarette dei sigari.

1 andare a piedi / andare in macchina

....

2 la mia bicicletta / la tua

....

3 Venezia / Bologna

....

4 suonare il pianoforte / andare a un concerto

....

5 il cappuccino / il tè

....

Exercise 3

Write questions with the words provided using the superlative as shown in the example.

城 città / grande / Francia

Qual è la città più grande della Francia?

1 vino / buono / Germania

....

2 montagna / alto / mondo

....

3 film / bello / anno

....

4 ristorante / cattivo / città

....

5 vestito / bello / negozio

....

Exercise 4

Match the nouns with the different forms of bello.

Quanti complimenti!

Signora Simoni,

che bello	**a** casa
bei	**b** quadri
begli	**c** poltrone
bella	**d** ufficio
bell'	**e** armadi
belle	**f** specchio

Vocabulary

Below is a list of the vocabulary encountered in this chapter:

a proposito	by the way	**giallo**	yellow
a righe	striped	**grigio**	grey
accessorio m	accessory	**in tinta unita**	uni-coloured
aereo m	aeroplane Br / airplane Am	**lana** f	wool
alto	high	**marrone**	brown
angora f	angora wool	**moda** f	fashion
basso	low	**modello** m	model
beige	beige	**moderno**	modern
blu	blue	**mondo** m world	
brutto	ugly	**oltre a**	except
camicetta f	blouse	**pantaloni** m pl	trousers
camoscio m	suede	**pelle** f	leather
campionario m	sample catalogue	**pratico**	practical
cappotto m	coat	**precedente**	previous
chiaro	bright	**rosa**	pink
collezione f	collection	**scarpa** f	shoe
colore m	colour	**scozzese**	Scottish
comodo	comfortable	**secondo me**	to my mind
concerto m	concert	**seta** f	silk
conoscersi	to get to know one another	**sfilata di moda** f	fashion show
		si	one
corto	short	**specchio** m	mirror
di persona	personally	**stesso**	the same
disponibile	available	**stoffa** f	fabric
erba f	grass	**tacco** m	heel
giacca f	jacket	**trovarsi**	to be, feel
		viola	violet

A letter

Day 23 gives some insight into the weather and how it is forecast, as well as some cultural expressions relating to it (see below).

THE WEATHER...

Like anyone else, Italians also have their variations of proverbial weather forecast expressions. Things don't look too good when you hear the expression **cielo a pecorelle, acqua a catinelle**, *as these fleecy clouds herald pouring rain. However, you can count on a fine day to come when you hear:* **rosso di sera, bel tempo si spera.** *Ground mist should not cause you any heartbreak either as this will not change the sunny weather:* **nebbia bassa, bel tempo lascia.** *Keep your umbrella and raincoat ready when you see a halo around the moon because they say:* **se la luna il cerchio fa, vento o pioggia vi sarà.**

Italian conversation: A Milano in giro per negozi

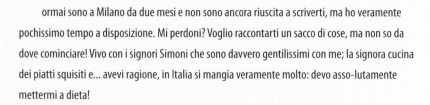

Cara Silvia,

ormai sono a Milano da due mesi e non sono ancora riuscita a scriverti, ma ho veramente pochissimo tempo a disposizione. Mi perdoni? Voglio raccontarti un sacco di cose, ma non so da dove cominciare! Vivo con i signori Simoni che sono davvero gentilissimi con me; la signora cucina dei piatti squisiti e... avevi ragione, in Italia si mangia veramente molto: devo asso-lutamente mettermi a dieta!

Io e Valentina, la figlia dei Simoni, siamo diventate amiche e trascorriamo parecchio tempo insieme. Ho già visitato Milano e i dintorni, sono stata al mare, ho fatto una gita a Firenze e sono stata sempre fortunata perché il tempo era splendido: sole e qualche nuvola, ma mai pioggia.

Anche il lavoro mi dà grosse soddisfazioni, i colleghi sono simpatici e c'è molto da imparare.

Quando ero a Firenze ho telefonato a tua sorella e mi ha detto che hai intenzione di venire una settimana in vacanza a giugno. È sicuro? Aspetto una tua risposta, così possiamo finalmente vederci.

Ah, ho ancora una notizia: ho conosciuto un ragazzo simpaticissimo, si chiama Marco ed è medico. Ci vediamo spesso e siamo andati a Firenze insieme, devi proprio conoscerlo!

Spero di vederti presto, saluti a tutti e un grosso bacio,

Alexandra

English conversation: A stroll through downtown Milan

Dear Silvia,

I've been in Milan for two months now and still haven't managed to write to you but I really don't have much free time. Can you forgive me? I want to tell you a lot of things but I don't know where to start! I live with the Simoni family who are unbelievably kind to me; Mrs. Simoni cooks delicious meals and ... you were right, one really does eat a lot in Italy: I will have to go on a diet! Valentina, the Simoni's daughter, and I have become good friends and we spend a lot of time together. I've already visited Milan and the area around it. I've been to the sea and on a trip to Florence, and I was lucky because the weather was always marvellous: sun and a few clouds but never any rain.

I also really enjoy working; my colleagues are nice and there is a lot I can learn.

When I was in Florence I called your sister who told me that you were planning to come for a week during the holidays in June. Is that certain? I look forward to your answer so that we can finally see each other.

Oh, there is one more piece of news: I met a very nice guy. His name is Marco and he is a doctor. We see each other often and have been to Florence together. You've got to meet him!

I look forward to seeing you soon, greetings to everybody and a big kiss.

Alexandra

Grammar

Si

The Italian impersonal pronoun si, meaning 'one', as in "In this restaurant one eats well", takes the **verb in the third person singular:**

> *In questo ristorante si mangia bene.*

When si is followed by a singular direct object, the verb also takes the third person singular.

> *In questo ristorante si mangia pesce.*

If, however, it is followed by a plural direct object, the verb takes the third person plural.

> *In questo ristorante si mangiano ottimi dolci.*

In front of reflexive verbs, si is replaced by ci to avoid a repetition of si.

> *In vacanza ci si alza sempre tardi.*

The weather

Che tempo fa?	How is the weather?
fa bello/brutto	it is nice/bad
fa caldo/freddo	it is warm/cold
c'è il sole	it is sunny
c'è nebbia	it is foggy
c'è vento	it is windy
ci sono temporali	it is stormy
è sereno	it is bright
è nuvoloso	it is cloudy
è coperto	it is overcast
piove	it is raining
nevica	it is snowing

Exercises

Exercise 1

Write the impersonal form of the verbs provided as shown in the example.

Che cosa si fa in vacanza al mare? Si prende il sole.

1 .... in barca. (andare)

2 .... nuovi amici. (conoscere)

3 .... il bagno. (fare)

4 .... molti libri. (leggere)

5 .... delle gite. (fare)

6 .... molto pesce. (mangiare)

Exercise 2

Complete the sentences with si può, si deve, si vuole.

1 In questo ristorante .... mangiare fino alle 23.00.

2 Non .... guidare la macchina senza patente.

3 Se .... dimagrire non .... mangiare troppo.

4 Non .... entrare al cinema senza biglietto.

5 Non .... sempre fare tutto quello che ....

6 In questa trattoria .... fumare.

Exercise 3

Write the various actions in the past tense and add the corresponding explanation. The first one has already been done for you.

prendere l'autobus	la macchina essere rotta
mettersi il cappotto	fare freddo
mangiare un hamburger	avere fame
prendere l'ombrello	piovere
non andare al cinema	essere stanco

comprare dei fiori	essere il compleanno di Pia
fare una passeggiata	fare bello
bere una birra	avere sete

1 Domenica ho preso l'autobus perché la macchina era rotta.

2 ....

3 ....

4 ....

5 ....

6 ....

7 ....

8 ....

Exercise 4

Complete the postcard by filling in the appropriate expressions.

abbiamo deciso – nuotavamo – è rimasta – eravamo – doveva – hai visto – abbiamo fatto – faceva – abbiamo visto

Carissimo Alberto,

come stai? Spero bene .... che bel mare? Io e Filippo ....

molto stanchi così .... di fare una set-timana di vacanza in Sicilia. Il

posto è meraviglioso. Ieri .... una gita in barca a vela perché ....

bel tempo, e mentre .... dei pesci stupendi.

Purtroppo Laura .... a Roma perché .... lavorare.

E tu, quando vai in vacanza? Vieni presto a trovarci o almeno scrivi!

Un abbraccio,

                    Anna

Exercise 5

Che tempo fa in Italia? How is the weather in these Italian cities?

1 A Torino

2 A Venezia

3 A Pisa.

4 A Roma

5 A Bari

6 A Catania

7 A Cagliari

Exercise 6

Match the adjectives given with the corresponding noun.

ristorante	dolce
pesce	verde
viaggio	naturale
fragola	lungo
vestito	messicano
acqua	fresco

Exercise 7

Di che colore è? Can you specify the colour of these items?

1 Il latte è . ...

2 Il mare è ....

3 I pomodori sono ....

4 Il sole è ....

5 Il vino è ....

6 L'erba è ....

Vocabulary

Below is a list of the vocabulary encountered in this chapter:

a disposizione	*at one's disposal*	**partire**	*to leave*
ambientarsi	*to settle in*	**patente** *f*	*driving licence Br /*
assolutamente	*absolutely*		*driver's license Am*
cerchio *m*	*circle*	**pecora** *f*	*sheep*
cielo *m*	*sky*	**pecorella** *f*	*lamb*
coperto	*overcast*	**perdonare**	*to forgive*
dare	*to please (s.o.)*	**pioggia** *f*	*rain*
soddisfazione		**piovere**	*to rain*
dimagrire	*to lose weight*	**presto**	*soon*
dintorni *m pl*	*surrounding area*	**rimanere**	*to stay*
essere fortunato	*to be lucky*	**risposta** *f*	*answer*
guidare	*to drive (car)*	**riuscire**	*to succeed*
imparare	*to learn*	**saluto** *m*	*greeting*
intenzione *f*	*intention*	**sereno**	*clear, bright*
luna *f*	*moon*	**splendido**	*marvellous*
meraviglioso	*wonderful*	**squisito**	*delightful, exquisite*
mettersi a dieta	*to go on a diet*	**stupendo**	*wonderful*
nebbia *f*	*fog*	**temporale** *m*	*thunderstorm*
nevicare	*to snow*	**trascorrere**	*to spend, stay*
nostalgia *f*	*homesickness*	**trattoria** *f*	*inn, restaurant*
nuvola *f*	*cloud*	**un sacco di**	*a whole lot of*
nuvoloso	*cloudy*	**venire a trovare**	*to come for a visit*
ombrello *m*	*umbrella*	**vento** *m*	*wind*
ormai	*now*	**veramente**	*really*
parecchio	*rather much*		

The pharmacy

Day 24 pays a visit to the pharmacy. You will learn how to express what you need, and what your ailment might be, as well as learning the parts of the body and demonstrative pronouns (this, that).

THE ITALIAN HEALTH CARE SYSTEM...

Everyone who lives in Italy is covered by the national health care system and most doctors and GPs participate in this nation-wide programme. Citizens from the other EU countries are entitled to free medical treatment as well. However, patients seeking medical advice from specialists or wishing to undergo special treatments have to pay for these services themselves.

Italian conversation: In farmacia

Alexandra:	Buongiorno.
Farmacista:	Buongiorno, desidera?
Alexandra:	Vorrei qualcosa contro il raffreddore, per favore.
Farmacista:	Ha la febbre?
Alexandra:	No, ma sono molto raffreddata, ho il naso chiuso e anche un po' di mal di gola.
Farmacista:	Allora le do uno sciroppo e delle compresse per il mal di gola. Lo sciroppo lo prenda tre volte al giorno prima dei pasti e le pastiglie una ogni due o tre ore.
Alexandra:	Va bene.
Farmacista:	Se fra due o tre giorni i disturbi persistono o se le viene la febbre, vada dal medico perché senza ricetta non posso darle qualcosa di più forte.
Alexandra:	Sì. Ah... vorrei anche delle pastiglie per il mal di testa.
Farmacista:	Vuole provare questo medicinale omeopatico a base di sostanze naturali? È veramente efficace.
Alexandra:	Va bene, lo provo. Come lo devo prendere?
Farmacista:	Sempre a stomaco pieno.
Alexandra:	Un'ultima cosa, volevo una crema da sole.
Farmacista:	Questa è una crema con fattore protettivo 6, ma forse per la Sua pelle chiara è meglio un fattore più alto, 10 o 12. Che cosa le do?
Alexandra:	Prendo quella col fattore più alto perché mi scotto facilmente.
Farmacista:	Va bene così?
Alexandra:	Sì, è tutto grazie.
Farmacista:	28,30 euro.
Alexandra:	Ecco a Lei. Arrivederci.
Farmacista:	Arrivederci e grazie.

English conversation: At the pharmacy

Alexandra:	Hello.
Pharmacist:	Hello, what would you like?
Alexandra:	I would like something for a cold, please.
Pharmacist:	Do you have a temperature?
Alexandra:	No, but I have a very bad cold; my nose is stuffed up and I have a bit of a sore throat.
Pharmacist:	In that case I'll give you syrup and some tablets for the sore throat. Take the syrup three times a day before meals and one of the tablets every two or three hours.
Alexandra:	OK.
Pharmacist:	If your symptoms continue over the next two or three days and should you develop a fever, see a doctor because I cannot give you anything stronger without a prescription.
Alexandra:	Yes, oh ... I'd like pills for my headache as well.
Pharmacist:	Do you want to try this homeopathic medicine that is based on natural substances? It is really effective.
Alexandra:	OK, I'll try it. How do I have to take it?
Pharmacist:	Always on a full stomach.
Alexandra:	One last thing, I wanted to get suntan lotion.
Pharmacist:	This is a lotion with a protection factor of 6, but maybe a higher factor would be better for your light skin, a 10 or 12. Which one do you want?
Alexandra:	I'll take the one with the highest factor because I burn easily in the sun.
Pharmacist:	Is that all?
Alexandra:	Yes, that's all. Thank you.
Pharmacist:	28 euros 30.
Alexandra:	Here you are. Goodbye.
Pharmacist:	Thank you and goodbye.

Grammar

Demonstrative pronouns

	singular	plural
masculine	questo *libro*	questi *libri*
feminine	questa *macchina*	queste *macchine*

Questo is used for persons or objects in the immediate vicinity. Before a vowel, questo is often apostrophized: *Quest'anno.*

	singular	plural
masculine	quel *libro*	quei *libri*
	quello *specchio*	quegli *specchi*
	quell'*aereo*	quegli *aerei*
feminine	quella *macchina*	quelle *macchine*
	quell'*arancia*	quelle *arance*

Quello is used with persons or objects that are further away and it is positioned in front of the noun like the definite article. Quello can also be used to avoid repeating a noun.
Qual è il tuo cappotto? Quello *blu.*

In comparisons questo precedes quello.
Queste *scarpe sono eleganti, ma* quelle *sono più comode.*

The body

Parti del corpo

1 la testa	**7** il dente	**13** la schiena
2 i capelli	**8** il collo	**14** il petto
3 l'occhio	**9** la spalla	**15** la pancia
4 l'orecchio	**10** il braccio	**16** la gamba
5 il naso	**11** la mano	**17** il ginocchio
6 la bocca	**12** il dito	**18** il piede

Watch out for the irregular plural forms of:

il braccio *m*	le braccia *f*
il dito *m*	le dita *f*
l'orecchio *m*	le orecchie *f*
il ginocchio *m*	le ginocchia *f*

Exercises

Exercise 1

Follow the example and offer advice using the imperative.

Giovanni ha mal di schiena.

1 Vai da uno specialista. (andare da uno specialista)

2 .... (fare ginnastica)

3 .... (nuotare)

4 .... (fare un massaggio)

La signora De Rosa ha mal di testa.

1 Prenda un'aspirina. (prendere un'aspirina)

2 .... (andare a letto)

3 .... (mangiare qualcosa)

4 .... (andare dal medico)

Mariella ha il raffreddore.

1 .... (prendere un tè)

2 .... (mettersi a letto)

3 .... (non prendere freddo)

Exercise 2

Fill in quel, quello, quell', quella, quei, quegli, or quelle.

1 Guarda! Che bella .... bicicletta verde!

2 .... libri non sono miei.

3 Vorrei vedere .... orologio.

4 Non mi piacciono le scarpe rosse, ma .... nere.

5 Vuoi davvero mangiare .... spaghetti?

6 Per favore dammi .... giornale.

7 Ti piace .... specchio?

Exercise 3

Complete the sentences using the correct forms of questo and quello.

1 **A:** Scusa, mi dai la giacca?

   B: Quale?

   A: .... marrone.

2 **A:** Scusi, è libero .... posto?

   B: No, ... è occupato, ma .... là è libero.

3 **A:** Vorrei vedere le scarpe col tacco alto che sono in vetrina.

   B: Quali? .... blu o .... nere?

   A: .... nere.

Exercise 4

Which word doesn't fit?

1 dentista – chirurgo – oculista – regista – ginecologo

2 discoteca – panetteria – macelleria – lavanderia – farmacia

3 mal di testa – fame – raffreddore – mal di denti – febbre

4 orecchio – naso – bocca – mano – occhio

5 gonna – giacca – vestito – pantaloni – scarpe

Exercise 5

The following conversation takes place in the pharmacy. You are the customer.

A: Buongiorno signora, desidera?

B: I'd like something for a headache.

A: Le posso dare queste gocce.

B: How many should I take?

A: Da venti a venticinque.

B: Thank you.

A: Desidera altro?

B: No, thank you. How much is that?

A: 6 euro.

B: Goodbye.

A: Arrivederci e grazie.

Vocabulary

Below is a list of the vocabulary encountered in this chapter:

a base di	on the basis of	**male** m	pain, ache
aspirina f	aspirin	**massaggio** m	massage
bocca f	mouth	**medicinale** m	drug, medicine
braccio m	arm	**naso** m	nose
chirurgo m	surgeon	**occhio** m	eye
collo m	neck	**occupato**	occupied
contro	against, (here:) for	**oculista** m/f	ophthalmologist
crema da sole f	suntan lotion	**ogni**	everybody
disturbi m pl	ailment, symptoms	**omeopatico**	homeopathic
dito m	finger	**orecchio** m	ear
efficace	effective	**orologio** m	clock, watch
essere raffreddato	to have a cold	**pancia** f	abdomen
		pastiglia f	pill, tablet
facilmente	easily	**pasto** m	meal
farmacista m/f	chemist Br / pharmacist Am	**persistere**	to last, persist
		petto m	chest
fattore protettivo m	protection factor	**prima**	before
		raffreddore m	cold, flu
febbre f	fever	**schiena** f	back
forte	strong	**sciroppo** m	syrup
gamba f	leg	**scottarsi**	to burn oneself
ginecologo m	gynaecologist	**sostanza** f	substance
ginnastica f	gymnastics	**spalla** f	shoulder
ginocchio m	knee	**specialista** m / f	specialist
goccia f	drop	**stomaco** m	stomach
in ogni caso	in every case	**tazza** f	cup
lavanderia f	laundry	**testa** f	head
mal di gola m	sore throat	**vetrina** f	(shop) window

Classes

Day 25 takes you to the gym and explores personal pronouns and prepositions that use di. You will also gain some insight into the Italain education system below.

STARTING SCHOOL...

*Children start school at the age of 6 with **scuola elementare** (elementary school). Most children will have spent a number of years already in the **asilo nido** (day care for 3+) and the subsequent **scuola materna** (kindergarten). After 5 years of elementary school, pupils attend another 3 years of **scuola media**. Those wishing to continue their schooling can then choose between a **liceo** (secondary school) and a more practically-oriented **scuola professionale**. Both of these school types end with the **maturità**, which constitutes the entrance qualification for university.*

Italian conversation: Il corso di ginnastica

Valentina:	Ciao Alessandra, che cosa stai facendo?
Alexandra:	Sto guardando gli annunci pubblicitari sul giornale. Vorrei fare un corso di ginnastica. Vuoi venire con me?
Valentina:	Io? No, la ginnastica non mi interessa, anzi, la trovo noiosa, sempre in una palestra al chiuso. Mi dispiace ma non fa per me. Perché non vai con la tua amica Laura?
Alexandra:	Sì, hai ragione, domani glielo chiedo. Ecco, guarda:»Fitness Club in linea« è qui vicino a casa nostra e sembra un posto carino. Lo conosci?
Valentina:	Di persona no, ma la mia amica Giovanna ci va ed è molto contenta.
Alexandra:	Stasera vado ad informarmi.
Alexandra:	Buonasera.
Segretaria:	Buonasera, posso aiutarla?
Alexandra:	Spero di sì, vorrei fare un corso di ginnastica.
Segretaria:	Ha già il nostro programma?
Alexandra:	No, vengo proprio per avere informazioni.
Segretaria:	Allora, questi sono i tipi di corsi che offriamo. Che cosa Le interessa?
Alexandra:	Ho pensato a qualcosa di non troppo impegnativo ed ho tempo solo alla sera.
Segretaria:	Allora Le consiglio questo corso il martedì e il giovedì dalle 19.00 alle 20.00. Il corso comincia la settimana prossima.
Alexandra:	Va bene, e quanto costa?
Segretaria:	Costa 40 euro al mese.
Alexandra:	E che cosa devo portare?
Segretaria:	Una foto per la tessera, un asciugamano e delle normali scarpe da ginnastica.
Alexandra:	Benissimo, allora a martedì.
Segretaria:	Arrivederci e buona serata.

English conversation: A course of gymnastics

Valentina:	Hello Alexandra, what are you doing?
Alexandra:	I'm just looking through the ads in the newspaper. I want to take up gymnastics. Do you want to join me?
Valentina:	Me? Oh no, gymnastics don't interest me, on the contrary, I find it boring to be indoors all the time. I'm sorry but that's not for me. Why don't you go with your friend Laura?
Alexandra:	Yes, you're right, I'll ask her tomorrow. Here, look! "Fitness Club in linea", it's close to our house and seems to be a nice place. Do you know it?
Valentina:	Not personally, but my friend Giovanna goes there and she's very happy.
Alexandra:	I'll go there tonight to get some information.
Alexandra:	Good evening.
Secretary:	Good evening, can I help you?
Alexandra:	I hope so; I'd like to do a course of gymnastics.
Secretary:	Do you already have a programme?
Alexandra:	No, I came here to get some information.
Secretary:	Well, these are the types of courses we offer. What are you interested in?
Alexandra:	I thought of something not too demanding, and I only have time in the evening.
Secretary:	Then I recommend this class on Tuesdays and Thursdays from 7 to 8. The class starts next week.
Alexandra:	OK, and how much does it cost?
Secretary:	40 euros per month.
Alexandra:	And what do I have to bring with me?
Secretary:	A photo for your pass, a towel and ordinary gym shoes.
Alexandra:	Great, see you Tuesday then.
Secretary:	Goodbye, and have a nice evening.

Grammar

Personal pronouns

subject	direct object	indirect object
io	me	a me
tu	te	a te
lui	lui	a lui
lei	lei	a lei
Lei	Lei	a Lei
noi	noi	a noi
voi	voi	a voi
loro	loro	a loro
	sé	a sé (reflexive)

In Italian the stressed **subject forms** are generally omitted: *Andiamo al mare.*

They are used either without the verb *(Chi cucina? Io.),* or when the subject is emphasized *(Io prendo la macchina e lui va in bicicletta).*

Stressed **object forms** are used when the object of a sentence is emphasized:

Vi piace il caffè? A me no, ma a lei sì. / Cerca proprio te.

These forms are also used after prepositions:

Vieni al corso di ginnastica con me?
Questi fiori sono per te.

Some prepositions add di to the pronoun:

senza di noi	without us
sotto/sopra di loro	below/above them
prima/dopo di lui	before/after him

The object form is used:

after di (than)	*Beppe è più alto di me.*
after come/quando (like)	*Guarda! Fai come me.*
in exclamations	*Povero te!*

Exercises

Exercise 1

Fill in the appropriate pronouns to complete the dialogues.

me - lui - loro - noi - a voi - a te - a me - lei

1   **A:** Ho visto Silvia e Carlo stamattina.

    B: Vengono anche _____ a teatro?

    A: _____ sì, _____ no perché deve studiare.

2   **A:** Vi piace la nuova casa di Carla?

    B: A Vincenzo non piace perché è troppo moderna, ma _____ sì.

3   **A:** Chi prende un tè?

    B: _____ , lo beviamo proprio volentieri.

    A: E _____ Elisabetta, che cosa posso fare, un caffè?

    B: Se lo fai solo per _____ no, grazie.

4   **A:** E _____ ha telefonato la mamma?

    B: Sì, ci ha telefonato ieri.

Exercise 2

Fill in con, senza, a, per, da, sotto and the correct personal pronoun.

1 Dovete assolutamente venire alla partita di calcio; _____ non andiamo.

2 Attenzione Alexandra, sabato veniamo tutti a cena _____

3 E a Martina piace la pasta? No, _____ non piace.

4 Andate a Siena con Franco? No, non andiamo _____ , andiamo da soli.

5 Laura, chi abita nell'appartamento _____ ?

6 Sono per i signori Belli questi libri? Sì, sono _____

Exercise 3

Insert the correct form of buono.

Buon Natale!

_____ Pasqua!

_____ compleanno!

_____ viaggio!

_____ serata!

_____ fortuna!

_____ vacanze!

_____ Anno!

Exercise 4

Select the appropriate sport to match the definition.

sci – pallavolo – tennis – calcio – nuoto

1 Si gioca in due, con due racchette e una palla ....

2 Si pratica d'inverno con la neve. ....

3 Si pratica al mare o in piscina. ....

4 Si gioca con due squadre e una palla. ....

5 È lo sport più popolare in Italia. ....

Exercise 5

You want to enroll in an Italian class. Translate!

A: Hello.

_____

B: Buongiorno, posso aiutarla?

A: I'd like some information about the classes.

_____

B: Abbiamo dei corsi intensivi di due settimane, cinque ore al giorno e dei corsi di dieci settimane, due ore due volte alla settimana.

A: Unfortunately I can only (take classes) in the evening.

_____

B: Allora le consiglio un corso al lunedí e al mercoledì dalle 19.00 alle 22.00.

A: How much does the class cost?

_____

B: 190 euro

A: And do I have to take a test?

_____

B: Sì, se vuole anche subito.

A: No, I'll come next (prossima) week. Many thanks and goodbye.

_____

B: Arrivederci.

Vocabulary

Below is a list of the vocabulary encountered in this chapter:

annuncio pubblicitario m	advertisement	**piscina** f	swimming pool
anzi	on the contrary	**popolare**	popular
asciugamano m	towel	**povero**	poor
asilo nido m	day care/ nursery	**praticare**	to practise, exercise
carino	kind, nice	**programma** m	programme
consigliare	to advise	**racchetta** f	(tennis) racket
corso m	course, class	**scarpa da ginnastica** f	gym shoes
impegnativo	demanding	**sci** m	skiing
informarsi	to inform oneself	**scuola materna** f	kindergarten
intensivo	intensive	**scuola professionale** f	vocational school
interessare	to interest		
non fa per me	(that's) not for me	**sopra**	over, above
normale	normal	**sotto**	below, under(neath)
nuoto m	swimming	**squadra** f	team
palestra f	gym	**tessera** f	pass, ID
palla f	ball	**test** m	test
Pasqua f	Easter	**tipo** m	type, manner

Test 5

Work your way around the board. Each correct answer will take you to the next question until you have completed the exercise. Enjoy!

1
Choose the correct answer on square 2, then go on to the square with the number of your answer.

2
Laura è più alta ... Gianna.
di ▶25
che ▶15

3
Wrong!

Go back to number 22

8
Wrong!

Go back to number 29.

9
Correct! Continue:
Vorrei ... giornali.
quegli ▶30
quei ▶20

10
Wrong!

Go back to number 25.

11
Good! Continue:
Marco, ... le medicine!
prenda ▶26
prendi ▶14

16
Great! Continue:
Senza biglietto non ... entrare a teatro.
si vuole ▶5
si può ▶19

17
Wrong!

Go back to number 20.

18
Wrong!

Go back to number 7.

19
Well done! Continue:
Mi piace di più viaggiare in treno ... in aereo.
di ▶12
che ▶24

24
Well done! Continue:
Parto senza ...
di voi ▶6
voi ▶13

25
Good! Continue:
... Compleanno!
Buon ▶22
Buono ▶10

26
Wrong!

Go back to number 11.

27
Correct!

End of exercise!

4

Great! Continue:
Questi vestiti sono ...
rosa   ▶16
rosi   ▶21

5

Wrong!

Go back to
number 16.

6

Correct! Continue:
Che tempo fa? ... bello.
Fa   ▶9
È   ▶28

7

Good! Continue:
Mentre ... la tv, è arrivata
Anna.
ho guardato ▶18
guardavo   ▶27

12

Wrong!

Go back to
number 19.

13

Wrong!

Go back to
number 24.

14

Great! Continue:
In montagna ...
passeggiate.
si fa   ▶23
si fanno   ▶4

15

Wrong!

Go back to
number 2.

20

Correct! Continue:
Da bambina ...
sempre al mare.
andavo   ▶29
sono andata   ▶17

21

Wrong!

Go back to
number 4.

22

Correct! Continue:
... due giorni
vanno in Sardegna.
Da   ▶3
Tra   ▶11

23

Wrong!

Go back to
number 14.

28

Wrong!

Go back to
number 6.

29

Good! Continue:
Vado al mare ...
con ti   ▶8
con te   ▶7

30

Wrong!

Go back to
number 9

day:26

Emergency

Day 26 covers any emergencies that might arise in Italy and how to deal with them in Italian. You will also discover the conditional tense, as well as any irregular forms, and how to use Ci to mean 'there'.

IN CASE OF EMERGENCY...

Italians are generally very helpful. In case of an emergency or any other problem, neighbours, friends or people just passing by will spontaneously lend a helping hand. In case of emergency call:

113 (Soccorso pubblico di emergenza/Polizia)

112 (Carabinieri)

115 The fire brigade (Vigili del Fuoco)

116 ACI - Italian motorist association (Automobile Club d'Italia)

Italian conversation: Un inconveniente

Valentina:	Accidenti, che cosa ha oggi questa macchina? Non vuole partire. Proprio adesso!
Alexandra:	Potrebbe mancare la benzina. Hai controllato?
Valentina:	Sì, sì, il serbatoio è pieno.
Alexandra:	Allora potrebbe essere la batteria. È accesa la spia?
Valentina:	No, mi sembra tutto a posto.
Alexandra:	Allora telefoniamo al soccorso stradale.
Valentina:	Buona idea!
Alexandra:	C'è una cabina telefonica là in fondo.
Valentina:	Ci vado io, so il numero!
Impiegato:	Pronto?
Valentina:	Buongiorno, ho un guasto al motore, potreste venire ad aiutarmi?
Impiegato:	Come si chiama?
Valentina:	Valentina Simoni.
Impiegato:	Lei è socia ACI?
Valentina:	Sì, penso di sì.
Impiegato:	Dove si trova?
Valentina:	Sono in via Larga, davanti al numero 28.
Impiegato:	Le mandiamo subito un'auto. Attenda.

Dopo pochi minuti:

Alexandra:	Che velocità!!
Meccanico:	Dunque, signorina, qual è il problema?
Valentina:	Ma, non so, la macchina non parte.
Meccanico:	Mi faccia dare un'occhiata. Dunque... ah ah! Ma qui non c'è niente di rotto.
Valentina:	Meno male! Ma allora perché non parte?
Meccanico:	Ha dimenticato di disinserire l'antifurto, ecco perché non partiva!
Valentina:	Oh, che sciocca! Grazie mille, Lei è davvero un angelo.

English conversation: An inconvenience

Valentina:	Damn it! What's wrong with this car today? It won't start. And that now!
Alexandra:	Maybe it's run out of petrol (gas). Did you check?
Valentina:	Yeah yeah, the tank is full.
Alexandra:	It could be the battery then. Is the control light on?
Valentina:	No, everything seems to be fine.
Alexandra:	Well, let's call the road service.
Valentina:	Good idea.
Alexandra:	There's a telephone booth over there.
Valentina:	I'll go, I know the number.
Employee:	Hello?
Valentina:	Hi, my car has broken down. Could you come and help?
Employee:	What's your name?
Valentina:	Valentina Simoni.
Employee:	Are you a member of the ACI?
Valentina:	Yes I think so.
Employee:	Where are you?
Valentina:	I am in Via Larga, in front of house number 28.
Employee:	We'll send a car right away. Wait there.

After a few minutes:

Alexandra:	That was fast!!
Mechanic:	So, what's the problem?
Valentina:	I don't know, the car won't start.
Mechanic:	Let me check. Well, ... aha! There's nothing broken here.
Valentina:	Thank goodness! But why won't it start then?
Mechanic:	You forgot to turn off the antitheft device, that's why it won't start!
Valentina:	How stupid of me! Thanks a million, you're an angel.

Grammar

Conditional Tense

The conditional is used to express:

a wish/desire
(Vorrei un gelato alla fragola.)
a polite request
(Potrebbe chiudere la finestra?)
a possible but by no means certain action
(Verrei a Parigi con te, ma ho molto lavoro.)

	guardare	**leggere**
io	*guarderei*	*leggerei*
tu	*guarderesti*	*leggeresti*
lui, lei, Lei	*guarderebbe*	*leggerebbe*
noi	*guarderemmo*	*leggeremmo*
voi	*guardereste*	*leggereste*
loro	*guarderebbero*	*leggerebbero*

	dormire	**essere**
io	*dormirei*	sar*ei*
tu	*dormiresti*	sar*esti*
lui, lei, Lei	*dormirebbe*	sar*ebbe*
noi	*dormiremmo*	sar*emmo*
voi	*dormireste*	sar*este*
loro	*dormirebbero*	sar*ebbero*

Irregular forms:

andare	▶	**andrei**	dire	▶	**direi**
avere	▶	**avrei**	fare	▶	**farei**
dovere	▶	**dovrei**	stare	▶	**starei**
potere	▶	**potrei**	bere	▶	**berrei**
vedere	▶	**vedrei**	venire	▶	**verrei**
sapere	▶	**saprei**	volere	▶	**vorrei**
dare	▶	**darei**	rimanere	▶	**rimarrei**

Ci

Ci could be translated with there, substituting an already mentioned location:

Quando vai a Firenze? Ci vado domani.
Sei già stato in Francia? Sì, ci sono già stato tre volte.

credo di sì – credo di no

When confirming or negating something in connection with the verbs pensare, credere, dire or sperare the preposition di is used:

> *Sandro torna oggi? Penso di no.* (Is Sandro coming back today? I don't think so.)
> *Paolo ha comprato il pane? Spero di sì.* (Did Paolo buy bread? I hope so.)

Exercises

Exercise 1

Form the conditional of the verbs as shown in the example.

Un sabato ideale: Che cosa fareste? – Diverse opinioni.

1 Nonna Carlotta: Io mi .... (alzare) presto e .... (andare) subito a fare la spesa con Piera. Poi .... (pulire) un po' la casa e .... (iniziare) a cucinare un buon pranzo per tutta la famiglia. Al pomeriggio .... (fare) una passeggiata nel parco con le mie amiche e poi .... (andare) al cinema.

2 Piera: .... (restare) in casa tutto il giorno .... (guardare) la televisione, ... (leggere) un po' il giornale o un buon libro. .... (fare) un bel bagno rilassante e .... (andare) dal parrucchiere. Non .... (cucinare) niente, però alla sera .... (volere) andare al ristorante.

3 Valentina e Stefano: Noi invece .... (dormire) fino alle 11.00, poi .... (fare) colazione a letto. Al pomeriggio .... (andare) in centro o ci .... (incontrare) con i nostri amici, oppure . ... (giocare) a tennis. La sera .... (andare) a ballare in discoteca, al "Campo verde".

Exercise 2

If you won the lottery, what would you do?

	tu	Alexandra	Piera e Luigi
fare un lungo viaggio	X	X	X
smettere di lavorare	X		X
comprare una casa	X	X	X
andare a vivere in America	X	X	
aiutare i bambini poveri	X	X	X

Exercise 3

Express yourself more politely by rewriting the sentences using the conditional form of the underlined verbs.

1 Scusi, può aprire la finestra?

....

2 Le dispiace passarmi il sale?

....

3 Voglio due etti di prosciutto.

....

4 Scusa, mi sai dire l'ora?

....

5 Mi potete aiutare?

....

6 Per favore, ci porta in camera questa valigia?

7 Può dirgli di richiamarmi?

Exercise 4

Replace the locations given in the dialogues with ci.

A: Ho deciso: domenica andiamo a Firenze.

B: Ma non siete stati a Firenze un mese fa?

A: Sì, siamo stati a Firenze per lavoro.

B: E perché domenica volete ritornare a Firenze?

A: Perché Firenze è una città molto interessante.

B: Noi invece andiamo a Como. Perché non venite anche voi?

A: Non ho voglia, sono stata a Como anche domenica scorsa.

B: Ah sì? E con chi sei andata a Como?

A: Sono andata a Como con dei colleghi.

The parts of a car

the bumper [fender]	il paraurti
the door	la portiera
the handbrake	il freno a mano
the the headlights	i fari
the hood [bonnet]	il cofano
license plate	la targa
the seat	il sedile
the steering wheel	il volante
the tire [tyre]	il pneumatico
the windscreen	il parabrezza

Exercise 5

Which parts belong together?

1 Il pieno,	**a** dei pneumatici?
2 Mi può cambiare	**b** per favore.
3 Può controllare la pressione	**c** il parabrezza, per favore?
4 Il faro destro	**d** il cofano per favore?
5 Potrebbe aprire	**e** l'olio, per favore?
6 Mi potrebbe pulire	**f** non funziona.

Vocabulary

Below is a list of the vocabulary encountered in this chapter:

a posto	*in order, OK*	**meno male**	*thank goodness*
accendere	*to turn on*	**minuto** *m*	*minute*
accidenti	*accident*	**motore** *m*	*engine, motor*
ACI	*Italian motorist club*	**occhiata** *f*	*view, look*
angelo *m*	*angel*	**opinione** *f*	*opinion*
antifurto *m*	*antitheft device*	**oppure**	*or*
batteria *f*	*battery*	**parabrezza** *m*	*windscreen/ windshield*
cabina	*telephone*	**paraurti** *m*	*bumper*
telefonica *f*	*booth*	**parrucchiere** *m*	*hairdresser*
campo *m*	*field*	**pneumatico** *m*	*tyre Br /tire Am*
ci	*there*	**polizia** *f*	*police*
cofano *m*	*bonnet Br / (engine)*	**portiera** *f*	*car door*
	hood Am	**pressione** *f*	*pressure*
dare	*to take a look*	**rilassante**	*relaxing*
un'occhiata		**sciocco**	*stupid*
disinserire	*to switch off*	**sedile** *m*	*seat*
diverso	*different*	**serbatoio** *m*	*petrol Br /gas Am tank*
faro *m*	*headlight*	**soccorso stradale**	*road service*
freno *m*	*brake*	**socio** *m*	*member*
freno a mano *m*	*handbrake Br /*	**soldi** *m pl*	*money*
	emergency brake Am	**spia** *f*	*control light*
funzionare	*to function*	**targa** *f*	*license plate*
guasto *m*	*breakdown*	**velocità** *f*	*speed*
ideale	*ideal*	**vigile del fuoco** *m*	*firefighter*
incontrarsi	*to meet*	**volante** *m*	*steering wheel*
inconveniente *m*	*inconvenience*		
invece	*rather, on the other hand*		

Cooking

Day 27 will teach you all about cooking in Italy. You will learn how to express a need in Italian so that you can follow recipes and explain how to do something in the kitchen, as well as prepositions defining locations such as under, in, on, etc.

SLOW FOOD...

The slow food movement was founded in Italy by Carlo Petrini in 1986. Today it is an international movement in direct opposition to fast food and mass consumerism. It aims to promote and protect local produce, encourage the farming of livestock, and planting of seeds and foodstuffs that are characteristic of the area. It celebrates local recipes and traditions and the enjoyment of regional food and wine.

Italian conversation: Lezione di cucina

Alexandra:	Signora Simoni, se vuole, l'aiuto ad apparecchiare la tavola.
Piera:	Grazie, Alessandra. Le posate sono nel primo cassetto a destra, i piatti e i bicchieri sono già sul tavolo. Se vuoi, però, possiamo cucinare qualcosa insieme.
Alexandra:	Oh, mi farebbe molto piacere! Io in cucina sono una frana!
Piera:	Oggi voglio preparare un dolce molto semplice ma squisito: la panna cotta. L'hai già provata?
Alexandra:	No, penso di no. Che tipo di dolce è?
Piera:	È un budino alla panna. Dunque, ci vogliono mezzo litro di latte e mezzo litro di panna, un etto di zucchero, una bustina di vanillina e dodici grammi di colla di pesce.
Alexandra:	Colla di pesce? E come si usa?
Piera:	Bisogna metterla in acqua fredda per ammorbidirla e poi unirla al latte caldo.
Alexandra:	Ecco qui il latte e la panna.
Piera:	Bene, mettili in una pentola con lo zucchero e la vanillina.
Alexandra:	Devo scaldarli?
Piera:	Sì, e poi bisogna aggiungere la colla di pesce. Ma sta' attenta: non deve bollire.
Alexandra:	Quando devo spegnere il fuoco?
Piera:	Quando il latte sta per bollire... Ecco, adesso! Ora deve raffreddare e poi bisogna metterlo in frigorifero per almeno sei ore.
Alexandra:	Già pronto?
Piera:	Sì, già pronto!
Alexandra:	Ma allora non è poi così difficile cucinare!

English conversation: A cookery lesson

Alexandra:	If you want me to, Mrs. Simoni, I'll help you set the table.
Piera:	Thank you, Alexandra. The cutlery is in the first drawer on the right; the plates and glasses are already on the table. If you want to we can cook something together.
Alexandra:	Oh, I'd like that very much. I'm a total disaster in the kitchen!
Piera:	I want to make a very simple but delicious dessert today: panna cotta. Have you ever tried it?
Alexandra:	No I don't think so. What kind of dessert is it?

Piera:	It's a cream pudding. So, you need half a liter of milk, half a liter of cream, one hundred grams of sugar, one packet of vanilla sugar and twelve grams of sheet gelatine.
Alexandra:	Sheet gelatine? How do you use that?
Piera:	You have to soak it in cold water to soften it and then you add it to the warm milk.
Alexandra:	Here are the milk and sugar.
Piera:	Good, pour them into the saucepan with the sugar and the vanilla sugar.
Alexandra:	Do I have to heat them?
Piera:	Yes, and you have to add the gelatine but watch it: it's not supposed to boil.
Alexandra:	When do I have to turn off the heat?
Piera:	Once the milk begins to boil ... Now, that's it! It has to cool down now and then you have to keep it in the fridge for at least six hours.
Alexandra:	That's it?
Piera:	Yes, that's it!
Alexandra:	Well, cooking isn't all that difficult after all!

Grammar

How to express a need in Italian

There are two ways to say *"you need"* in Italian:

ci vuole or **occorre** + noun in the singular
ci vogliono or **occorrono** + noun in the plural

> *Ci vuole un chilo di zucchero./Occorre un chilo di zucchero.* (You need a kilo of sugar.)
> *Ci vogliono due litri di latte./Occorrono due litri di latte.* (You need two litres of milk.)

Bisogna expresses the necessity of an action. It is used impersonally and accompanies a verb in the infinitive or a relative clause *(bisogna che...)*:

> *Bisogna avere pazienza.* (You need/have to be patient.)
> *Bisogna fare sport.* (You need/have to play sport.)

Its meaning changes when used in the expression:

aver bisogno di = to need

> *Ho bisogno di te.* (I need you.)
> *Abbiamo bisogno di riposo.* (We need rest.)
> *Marco ha bisogno di cambiare aria.* (Marco needs to have a change of air.)

Prepositions defining locations

dietro	(behind)	*di fianco a*	(next to)
sopra	(on)	*dentro*	(in)
sotto	(under)		

stare per + infinitive

This construction expresses an action that one is about to begin.

Sto per uscire. (I'm just about to go out; I'm going out in a few minutes.)
Sta per piovere. (It will rain soon.)

Exercises

Exercise 1

What do you need to set the table for six people?

Fill in the correct form: either **ci vuole/occorre** or **ci vogliono/ occorrono**.

1 una tovaglia

2 sei piatti

3 sei bicchieri

4 una bottiglia di vino

5 una candela

6 sei forchette

7 sei coltelli

8 sei cucchiai

Exercise 2

Fill in:

Ci vuole/occorre – ci vogliono/ occorrono – bisogna – aver bisogno di.

1 .... un chilo di carne.

2 .... cinque cipolle e tre peperoni.

3 .... tagliare la carne.

4 Per tagliare bene la carne il cuoco .... di un buon coltello.

5 Poi (lui) .... una padella molto larga.

6 .... cuocere la carne per un'ora e mezza.

7 .... aggiungere sale e pepe.

Exercise 3

Wherever necessary, insert the preposition a, with or without the article.

1 Davanti .... chiesa c'è il supermercato. ....

2 Tra .... Nico e .... Gina c'è Pia. ....

3 Di fianco .... me c'è la mamma. ....

4 Simone è sempre vicino .... mamma. ....

5 Di fronte .... supermercato c'è Nina. ....

Exercise 4

Who is sitting where?

1 Alexandra è seduta tra Stefano e Valentina.

2 La nonna è seduta davanti a Valentina.

3 La mamma è seduta davanti a Stefano.

4 La mamma è seduta a destra del papà.

Seating plan: A   C   E

                    B   D   F

Can you say who sits where now?

A = ...   D = ...

B = ...   E = ...

C = Alexandra   F = ...

Exercise 5

Alexandra tries to prepare a panna cotta but has made a number of mistakes. Help her to figure out the recipe by putting the following stages in the correct order:

1 Ci vogliono mezzo litro di latte e mezzo litro di panna, un chilo di zucchero, 12 grammi di colla di pesce e una bustina di vanillina.

2 Bisogna ammorbidire la colla di pesce in acqua calda.

3 Bisogna bollire il latte e la panna.

4 Poi bisogna aggiungere lo zucchero, la vanillina e la colla di pesce.

5 Alla fine bisogna mettere tutto in forno per sei ore.

Exercise 6

Arrange the hours of the day, the week days, months and seasons into their correct order.

maggio	martedì	mattina	gennaio	luglio	sera
estate	ottobre	sabato	marzo	dicembre	inverno
aprile	giovedì	settembre	lunedì	notte	pomeriggio
novembre	venerdì	autunno	febbraio	agosto	domenica
giugno	primavera	mercoledì			

Le parti del giorno.

....

I giorni della settimana.

....

....

....

I mesi.

....

....

....

Le stagioni.

....

....

Vocabulary

Below is a list of the vocabulary encountered in this chapter:

aggiungere	to add	**forchetta** f	fork
ammorbidire	to soften up	**frana** f	disaster,
apparecchiare	to set		catastrophe
aria f	air	**fuoco** m	fire
attento	attentive, watch out(!)	**gelatina** f	gelatine
bisogna	you need to	**grammo** m	gramme
bollire	to boil	**padella** f	saucepan
budino m	pudding	**pentola** f	pot
bustina f	packet	**peperone** m	chili pepper/ paprika
candela f	candle	**posata** f	cutlery
cassetto m	drawer	**raffreddare**	to cool off
ci vuole/	you need to	**riposo** m	rest
ci vogliono		**scaldare**	to warm/ heat up
cipolla f	onion	**scontrino fiscale** m	sales receipt
colla di pesce f	sheet gelatine	**semplice**	simple
coltello m	knife	**tovaglia** f	table cloth
cotto	cooked	**unire**	to unite, add
cucchiaio m	spoon	**usare**	to use
cuocere	to cook	**vanillina** f	vanilla, vanilla sugar
dentro	inside, in		
di fianco a	next to		
far piacere	to enjoy		

An invitation

In this chapter you will learn how to accept or reject an invitation and some cultural traditions to follow when invited into an Italian family home. You will also learn indefinite pronouns (something, anything, a few, no one, nothing), plus some adjectives to express your mood and feelings.

INVITATIONS...

Italians often invite guests for a meal. It is expected that you arrive five to ten minutes later than agreed. A gift is appropriate and expected: flowers are always appreciated but you should keep them wrapped up. Alternatively you can bring sweets or something traditional from your home country. Italians are usually very generous with gifts.

Italian conversation: Un invito

Piera:	Se vuoi, Alessandra, una sera puoi invitare qualche amico a cena da noi.
Alexandra:	Ma no, non è necessario, non vorrei disturbarvi.
Piera:	Ma figurati! Nessun disturbo, anzi! Mi farebbe molto piacere conoscere qualcuno dei tuoi amici. C'è qualcuno di speciale?
Alexandra:	Speciale? No, no, sono tutti simpatici.
Piera:	Dai, Alessandra, non fare la timida. C'è qualcuno che ti viene spesso a trovare.
Alexandra:	Intende dire Marco?
Piera:	Sì, proprio lui!
Alexandra:	Mah ... sì, potremmo invitarlo una sera ...
Piera:	Benissimo, telefonagli subito, così organizziamo qualcosa per la prossima settimana.
Alexandra:	Pronto, Marco?
Marco:	Pronto, chi parla?
Alexandra:	Sono Alexandra. Ti telefono per chiederti se hai voglia di venire a cena da noi, una sera della prossima settimana.
Marco:	Volentieri, perché no? Quando vi andrebbe bene?
Alexandra:	Non so, venerdì forse?
Marco:	Mi dispiace, venerdì non posso. Lo sai, tutti i venerdì vado a giocare a calcio con mio fratello.
Alexandra:	Ah sì, allora facciamo sabato, va bene?
Marco:	Purtroppo sabato prossimo ho già un impegno, mi dispiace Alessandra, ma non posso proprio rimandare. Ma domenica sono libero tutto il giorno.
Alexandra:	OK, allora domenica sera. Alle otto va bene?
Marco:	Benissimo, e grazie per l'invito.

English conversation: An invitation

Piera:	Alexandra, if you want you can invite some friends of yours to come for dinner one night.
Alexandra:	But that's not necessary, I don't want to trouble you.
Piera:	Oh please! We don't mind at all! I very much would like to get to know some of your friends. Is there someone special?
Alexandra:	Special? No, no, they are all nice.
Piera:	Come on, Alexandra, don't be so shy. There is someone who visits you often.

Alexandra:	Are you talking about Marco?
Piera:	Yes, that's the one.
Alexandra:	Well ... yes, we could invite him one evening ...
Piera:	Great! Call him right away and we'll organize something for next week.
Alexandra:	Hello, Marco?
Marco:	Hello, who's speaking?
Alexandra:	It's me, Alexandra. I'm calling to ask you whether you'd like to come to our house for dinner one night next week.
Marco:	Sure, why not? When would it suit you?
Alexandra:	I don't know, maybe Friday?
Marco:	I'm sorry, I can't on Friday. As you know, I play football (soccer) with my brother every Friday.
Alexandra:	Oh yes, let's make it Saturday then, OK?
Marco:	Unfortunately I already have an appointment next Saturday. I'm sorry, Alexandra, but I can't postpone that, but I'm free all day on Sunday.
Alexandra:	OK, Sunday evening then. Is eight o'clock OK?
Marco:	Great, and thank you for the invitation.

Grammar

qualche, qualcuno, qualcosa

qualche = a few, some

> *Ho comprato qualche CD per Paolo.* (I bought a few CDs for Paolo.)

Although the term *qualche* identifies a plural, the noun it relates to is always singular.

qualcuno = someone/anyone

> *Qualcuno ha suonato alla porta.* (Someone rang the doorbell.)

> *Qualcuno di voi sa suonare la chitarra?*
> (Does anyone of you know how to play the guitar?)

qualcosa = something/anything

> *Ho comprato qualcosa per te.* (I bought something for you.)

> *C'è qualcosa di nuovo?* (Is there anything new?)

> *C'è qualcosa da fare?* (Is there anything to be done?)

When followed by an **adjective** it takes the preposition **di**.
When followed by an **infinitive** it takes the preposition **da**.

nessuno, niente/nulla

nessuno = no (one)

> *Non conosco nessuno.* (I know no one.)
>
> *Non ho comprato nessun libro.* (I bought no book.)

If nessuno precedes a noun, its ending changes like it does with the indefinite article uno,

(nessuna ragazza, nessun ragazzo, nessuno specchio).

niente/nulla = nothing

> *Non ho comprato niente (nulla)* per te. (I bought nothing for you.)
>
> *Non c'è niente di nuovo.* (There is nothing new.)
>
> *Non c'è niente da fare.* (There is nothing to do.)

As with qualcosa, when followed by an adjective it takes the preposition di, and the preposition da with an infinitive. Don't forget the double negative rules (cf. Lesson 19).

ognuno, ogni

ognuno = every(one)/each one

> *Ognuno pensa per sé.* (Everyone thinks of him-/herself.)
>
> *Ognuno di voi deve parlare con il direttore.*
> (Each one of you has to speak to the headmaster.)

ogni = every(one)/each one (+ noun)

> *Ogni bambina aveva un fiore nei capelli.* (Each girl had a flower in her hair.)
>
> *Ogni venerdì Marco gioca a tennis.* (Marco plays tennis every Friday.)
>
> *Ogni volta che lo vedo, è felice.* (Every time I see him, he is happy.)

tutto

tutto/tutta = full/complete/entire/whole/all

> *Ho visto tutto il film.* (I saw the entire film.)

tutti/tutte = all

> *Tutti i miei amici sono in vacanza.* (All my friends are on holiday.)
>
> *Vanno tutti e tre al mare.* (All three go to the shore.)

Where *tutto* relates to a noun, the noun is generally accompanied by the definite article.

When relating to a number it is accompanied by *e (tutti/tutte e cinque)*.

How do you feel today?

Mark the adjectives that define your present mood.

Noun:	Adjective:
depressione	☐ depresso
disperazione	☐ disperato
emozione	☐ emozionato
euforia	☐ euforico
felicità	☐ felice
imbarazzo	☐ imbarazzato
malinconia	☐ malinconico
rabbia	☐ arrabbiato
serenità	☐ sereno
soddisfazione	☐ soddisfatto
tristezza	☐ triste

Exercises

Exercise 1

Complete the sentences with the following words.

qualche – qualcosa – tutto – tutti – tutte – ogni – nessuno – niente.

1 .... le mattine vado al bar a bere un caffè.

2 Luigi va allo stadio .... domenica.

3 Non parla mai con ....

4 Ieri sono stato .... il giorno in casa.

5 Viene qui .... i giorni ma non compra mai ....

6 .... volta vado in ufficio in bicicletta.

7 Mi porti .... da bere?

Exercise 2

Di or da? Where necessary, fill in the appropriate preposition.

1 Non ha mai niente .... dire.

2 Stasera c'è qualcosa .... interessante alla televisione.

3 Non ho niente .... nuovo .... raccontare.

4 Marina arriva sempre con qualche .... amico.

5 Nessuno .... voi mi può aiutare.

6 Piera sta preparando qualcosa .... buono .... mangiare.

Exercise 3

Fill in the correct form of **tutto**: with or without the article and the conjunction **e**.

1 La nonna ha pulito .... casa.

2 Sono andate .... cinque in vacanza a Otranto.

3 Mio fratello ha visitato .... mondo.

4 Ha mangiato .... spaghetti.

5 Ieri ho cucinato .... giorno.

6 Sono andati via .... due.

Exercise 4

Write the following sentences in the negative. ....

1 Ieri è arrivato qualcuno dalla Spagna. ....

2 Vorrei comprare qualcosa da mangiare. ....

3 Tutti i miei amici sanno parlare inglese. ....

4 Ho letto qualche libro di Moravia. ....

5 Mi piacerebbe andare in vacanza con qualcuno di voi. ....

6 Ha qualche problema con suo marito. ....

Exercise 5

Which parts go together to form a sentence?

1 Hai voglia di venire	**a** un altro impegno.
2 Sì, mi farebbe	**b** sabato?
3 Hai tempo	**c** a cena da noi?
4 No, mi	**d** molto piacere.
5 Sabato ho già	**e** dispiace.

Exercise 6

Using the formal address Lei, rewrite the dialogue using Mrs. Bertoli and Mrs. Gavoni as speakers.

A: Pronto?

B: Ciao Marcella, sono Cristina. Come stai?

A: Bene, grazie e tu?

B: Bene. Ti telefono perché vorremmo invitarti una sera a cena da noi.

A: Volentieri, quando?

B: Quando hai una serata libera?

A: Dunque, al martedì vado ad un corso d'inglese, ma le altre sere sono libera.

B: Ti andrebbe bene venerdì?

A: Sì, benissimo, a che ora?

B: Alle 8.00?

A: Benissimo, a venerdì, allora.

B: Sì, a venerdì! Ciao.

Vocabulary

Below is a list of the vocabulary encountered in this chapter:

dai!	*come on!*	**malinconia** *f*	*melancholy*
depressione *f*	*depression*	**malinconico**	*melancholic*
depresso	*depressed*	**ognuno**	*every(one)*
disperato	*desperate*	**organizzare**	*to organize*
disperazione *f*	*despair*	**qualcuno**	*someone*
disturbare	*to disturb*	**rabbia** *f*	*anger*
disturbo *m*	*disturbance*	**rimandare**	*to postpone*
emozionato	*excited*	**serenità** *f*	*peacefulness,*
emozione *f*	*excitement*		*harmony*
euforia *f*	*euphoria*	**sereno**	*calm, peaceful*
euforico	*euphoric*	**soddisfatto**	*content*
felicità *f*	*happiness*	**soddisfazione** *f*	*contentment*
felice	*happy*		*satisfaction*
imbarazzato	*embarrassed*	**stadio** *m*	*stadium*
imbarazzo *m*	*embarrassment*	**timido**	*shy/timid*
impegno *m*	*appointment*	**triste**	*sad*
intendere	*to intend*	**tristezza** *f*	*sadness*
Ma figurati!	*Oh please!*		

Weddings

As you near the end of this course, Day 29 invites you to an Italian wedding. You will delve deeper into the future tense and learn its irregular forms (see Day 26 for more on this), and you will learn how to form adverbs.

GETTING MARRIED...

*Italian weddings are major occasions. The traditional wedding ceremony takes place in a church followed by an opulent meal at a venue nearby. At the end of the wedding the bride and groom hand out small cones (**bomboniere**) filled with sugar coated almonds (**confetti**). These **confetti** are also given out at baptisms (**battesimi**) and communion (**prime comunioni**) where they are wrapped in pink (for girls) or light blue (for boys).*

Italian conversation: Valentina si sposa

Valentina:	Oh Alessandra, sono così emozionata!
Alexandra:	Perché? Che cosa è successo, Valentina?
Valentina:	Io e Paolo ci sposeremo.
Alexandra:	Vi sposerete? Quando?
Valentina:	L'anno prossimo, a maggio! Daremo un grande ricevimento. Vogliamo affittare una villa sul lago. Abbiamo già fatto la lista degli invitati: ci saranno circa novanta persone. Naturalmente inviteremo anche te e la tua famiglia.
Alexandra:	Che bello! Verremo sicuramente! E i tuoi genitori cosa dicono?
Valentina:	La mamma è felicissima, il papà invece non ha detto niente.
Alexandra:	E dove andrete ad abitare?
Valentina:	Non lo sappiamo ancora. Stiamo cercando una casa in affitto, ma non è facile.
Alexandra:	Tu continuerai a studiare?
Valentina:	Sì, certamente.
Alexandra:	Andrete in viaggio di nozze?
Valentina:	Sicuramente! Ma non abbiamo ancora deciso dove. Io preferirei andare su un'isola dei Caraibi, ma Paolo non è d'accordo, preferisce restare in Europa, magari in Grecia.
Alexandra:	Avete ancora tempo per decidere.
Valentina:	Sì, ma un anno passa in fretta e ci sono così tante cose da organizzare per il matrimonio: l'abito da sposa, la chiesa, il ricevimento, i testimoni, la lista dei regali ...
Alexandra:	Santo cielo, Valentina, non iniziare adesso a stressarti!!

English conversation: Valentina is getting married

Valentina:	Alexandra, I am so excited!
Alexandra:	Why? What's happened, Valentina?
Valentina:	Paolo and I are getting married.
Alexandra:	You're getting married? When?
Valentina:	Next year, in May! We'll have a big reception. We want to rent a villa by the lake. We already made a guest list: there'll be about 90 people. Of course we will also invite you and your family.
Alexandra:	How nice! We will definitely come! And what do your parents say?
Valentina:	My mother is very happy, my dad hasn't really said anything.
Alexandra:	And where will you live?
Valentina:	We don't know yet. We are looking for a flat (apartment) but it's not easy.
Alexandra:	Will you continue with your studies?
Valentina:	Yes, of course I will.
Alexandra:	Will you go on a honeymoon?
Valentina:	Sure! But we haven't decided where to go yet. I would rather go to a Caribbean island but Paolo doesn't agree with me, and wants to stay in Europe, maybe in Greece.
Alexandra:	You've got plenty of time to decide.
Valentina:	Yes, but a year goes by quickly and there are so many things to organise for the wedding: the wedding gown, the church, the reception, the witnesses, the gift list ...
Alexandra:	Good heavens, Valentina, don't get stressed already!!

Grammar

Future tense

The irregularities of the future tense and its formation are similar to those of the conditional tense (refer back to Day 26 on page 223 for more on this).

	guardare	leggere
io	guarderò	leggerò
tu	guarderai	leggerai
lui, lei, Lei	guarderà	leggerà
noi	guarderemo	leggeremo
voi	guarderete	leggerete
loro	guarderanno	leggeranno

	dormire	essere
io	dormirò	sarò
tu	dormirai	sarai
lui, lei, Lei	dormirà	sarà
noi	dormiremo	saremo
voi	dormirete	sarete
loro	dormiranno	saranno

Irregular forms:

andare	▶	andrò	dire	▶	dirò
avere	▶	avrò	fare	▶	farò
dovere	▶	dovrò	stare	▶	starò
potere	▶	potrò	bere	▶	berrò
vedere	▶	vedrò	venire	▶	verrò
sapere	▶	saprò	volere	▶	vorrò
dare	▶	darò	rimanere	▶	rimarrò

The future tense is used to express actions and situations in the future. In spoken language the future is rarely used but replaced by the present tense, especially where actions in the immediate future are concerned:

Quest'estate andrò al mare.
Questa sera vado al cinema.

Adverbs

Adverbs modify verbs, other adverbs or adjectives.
Adverbs are formed from adjectives by adding -mente to the feminine form of verbs ending in -o:

adjective	▶	adverb
tranquillo	▶	tranquillamente
perfetto	▶	perfettamente
sicuro	▶	sicuramente

Exceptions:
Adjectives that end in -e form their adverbs by adding -mente:

cortese	▶	cortesemente
recente	▶	recentemente

Adjectives that end in -re and -le drop the -e before the suffix -mente:

facile	▶	facilmente
regolare	▶	regolarmente

Please note:

Marco è tranquillo.	(Marco is quiet.)
	(tranquillo = adjective)
Marco parla tranquillamente.	(Marco speaks quietly.)
	(tranquillamente = adverb)

Comparative

The comparative of adverbs is formed as with the adjectives with più (più tranquillamente = calmer, più tardi = later). The absolute superlative is formed with -issimo and -issimamente (tranquillissimamente = very calm; tardissimo = very late).

Important irregular forms include:

bene (good)	meglio (better)	benissimo (very well)
male (bad)	peggio (worse)	malissimo (very bad)
poco (little)	meno (less)	pochissimo (very little)
molto (much)	più (more)	moltissimo (very much)

Exercises

Exercise 1

Rewrite this text in the future tense.

L'estate scorsa Marina è andata in vacanza in Sardegna. È partita con alcuni amici all'inizio di agosto. Sono andati fino a Genova in macchina, poi hanno preso il traghetto per Olbia. Sono stati per due settimane in un bell'albergo direttamente sul mare. Hanno fatto molti bagni, preso molto sole e mangiato molto pesce. La terza settimana l'hanno passata in barca a vela. È stata proprio una bella vacanza!

L'estate prossima Marina ....

....

....

....

....

....

....

....

Exercise 2

Complete the sentences with the verb in the future tense.

1 L'anno prossimo Marco... la scuola. (finire)

2 Simona .... al mare con me. (venire)

3 Luca e Matteo...in vacanza insieme. (andare)

4 Purtroppo Maria ....lavorare tutto il giorno. (dovere)

5 Non so se anche Dario..venire. (volere)

6 Teresa..........................domani e...............tre giorni con noi. (arrivare / rimanere)

7 (Noi) ....alla fine di agosto. (tornare)

8 Anna e Marco ....a settembre. (sposarsi)

Exercise 3

Form the adverb from the adjectives by adding the suffix -mente.

Adjective	Adverb
sereno	....
gentile	....
tenero	....
difficile	....
lento	....
pigro	....
veloce	....
sincero	....
dolce	....

Exercise 4

Adjective or adverb? Choose the correct form.

gentile – gentilmente

1 Marco è una persona ....

2 Mi ha salutato molto ....

tenero – teneramente

3 Lo ha baciato ....

4 Questa carne è molto ....

corretto – correttamente

5 Questa frase è ....

6 Ha risposto ....

silenzioso – silenziosamente

7 È uscito di casa ....

8 Questa zona non è molto ....

allegro – allegramente

9 Mio marito è sempre ....

10 Mi ha salutato ....

Exercise 5

Write the verbs in the correct tense.

1 Ieri Miriam .... alle otto. (tornare)

2 L'anno prossimo (io) .... in vacanza con i miei suoceri. (andare)

3 Da bambina (io) .... al mare con la nonna. (andare)

4 Di solito (io .... alle 7.30. (alzarsi)

5 Dieci anni fa questa .... una città tranquilla. (essere)

6 Che cosa (tu) .... ieri sera alla TV? (vedere)

7 Ieri, mentre (io) .... alla stazione, (io) ....

Andrea. (andare – incontrare)

8 Tra dieci giorni Stefania .... per la Francia. (partire)

9 Riccardo, ... subito qui e ....

di disturbare tua sorella! (venire – smettere)

10 Marta non .... il tedesco. (capire)

Exercise 6

Arrange the following words into four groups.
Each group should include four related terms.

dente   sposa

temporale   targa

nozze   spalla

serbatoio   pioggia

....

....

....

....

matrimonio   portiera

pancia   vento

automobile   mano

testimone   nuvola

....

....

....

....

Vocabulary

Below is a list of the vocabulary encountered in this chapter:

abito m	dress	**lista** f	list
abito da sposa m	wedding dress	**malissimo**	very bad
affittare	to rent	**meno**	less
affitto m	rent, lease	**moltissimo**	very much
allegro	happy	**nozze** f pl	wedding
barca a vela f	sail boat	**peggio**	worse
battesimo m	baptism	**pigro**	lazy
bomboniera f	cone-shaped bag of sweets (given at weddings or baptisms)	**pochissimo**	very little
		prima	first
		comunione f	communion
Caraibi m pl	Caribbean	**regolare**	regular
casa in affitto f	rented apartment	**ricevimento** m	reception
circa	approximately	**salutare**	to greet
confetto m	candy	**santo**	holy
continuare	to continue	**santo cielo**	good heavens
corretto	correct, right	**Sardegna** f	Sardinia
cuoco m	cook	**silenzioso**	silent, quiet
dare un ricevimento	to have a reception	**sincero**	honest
		sposa f	bride
difficile	difficult	**stressarsi**	to stress (oneself)
Europa f	Europe	**succedere**	to happen
facile	easy	**tenero**	ender
fretta f	hurry	**testimone** m/f	witness
Genova f	Genoa	**traghetto** m	ferry
Grecia f	Greece	**viaggio di nozze** m	honeymoon
in fretta	in a hurry		
invitato m	guest	**villa** f	villa
isola f	island		
lento	slow		

Goodbye

Congratulations, you've reached the final chapter of this course. Day 30 reminds you of the Italian generosity of spirit and their best intentions to keep in touch as you part ways. By now, you should be quite confident understanding, speaking, and writing Italian in a multitude of situations. You should have a relatively comprehensive vocabulary, and be comfortable with Italian grammar. Well done!

GOOD INTENTIONS...

For outsiders, Italians seem to make promises they often don't keep.
In reality, however, those promises are regarded rather as "good intentions". They are often made in emotional moments, such as when parting company, and they represent spontaneous expressions of good will. Occasionally, they are also born out of a sense of duty, but it is rarely possible to carry them out.

Italian conversation: La sera, in un locale

Com'è triste partire! Per Alessandra i tre mesi che ha passato in Italia sono volati. Quanti ricordi da mettere in valigia: la gita a Firenze, il fine settimana a Lerici, le serate con gli amici, la famiglia Simoni! Alessandra spera di rivedere presto le persone che ha conosciuto in Italia e soprattutto Marco... Sì, Marco è sicuramente la persona di cui sentirà di più la mancanza... Ma Alessandra ha già tanti progetti: innanzitutto in settembre tornerà in Italia per due settimane, in vacanza. Ha intenzione di andare in Sardegna, naturalmente con Marco. Ma due settimane non le bastano. I colleghi con cui ha lavorato a Milano sono proprio gentili e simpatici e le piacerebbe continuare a lavorare con loro. Ha già parlato con il suo capo e forse potrà lavorare a Milano per tutto l'inverno. Chissà cosa diranno i suoi genitori?!

English conversation: An evening at a restaurant

How sad it is to leave! The three months in Italy have just whizzed by for Alexandra! She'll be carrying lots of memories back home in her suitcase: the trip to Florence, the weekend in Lerici, the evenings spent with friends, the Simoni family! Alexandra hopes that she will soon be able to see all the people she got to know in Italy, most of all Marco ... Yes, Marco certainly is the person she will miss the most ... But Alexandra has already made many plans: First of all she is going to return to Italy for a two-week holiday in September. She intends to travel to Sardinia, with Marco, of course. However, two weeks aren't enough for her. The colleagues she worked with in Milan are very nice and she would like to continue working with them. She has already spoken with her boss and she might be able to work in Milan over the winter. Who knows what her parents will say about that?!.

Grammar

Relative clauses

The relative pronoun **che** can be used either as a subject or as a direct object (nominative and accusative). It is invariable relating to the *feminine* and *masculine* in the *singular* and *plural*.

> *La ragazza che parla è mia sorella.* (The girl who speaks is my sister.)
> *Il ragazzo che vedi è mio fratello.* (The boy whom you see is my brother.)

The pronoun **cui** is used with prepositions. It is invariable as well.

> *La ragazza con cui parli è mia sorella.*
> (The girl with whom you are speaking is my sister.)
> *Il ragazzo a cui ho dato il libro è mio fratello.*
> (The boy to whom I gave the book is my brother.)

The relative pronouns **che** and **cui** can be substituted by **il quale/la quale, i quali/le quali** (usually after prepositions). In this case, gender and number must agree. The article must not be omitted:

> *I ragazzi con i quali parli sono i miei fratelli.*
> *La ragazza con la quale parli è mia sorella.*
> *Le ragazze con le quali parli sono le mie sorelle.*

Exercises

Exercise 1

Che or cui? Fill in the correct relative pronoun.

1 Il libro .... ho letto mi è piaciuto molto.

2 Maria è la ragazza con .... vado in ufficio.

3 Ho letto la lettera .... ti ha scritto Mario.

4 Non conosco la persona di .... parli.

5 Il ragazzo .... sta bevendo la birra è Paolo.

6 Questi sono i regali .... mi ha fatto Simona.

7 L'automobile con .... sei venuto è nuova.

8 Questo è il motivo per .... non sono venuto.

Exercise 2

Replace the relative pronoun cui from exercise 1 by using the appropriate form of il quale/la quale.

2 ....

4 ....

7 ....

8 ....

Exercise 3

Connect the two sentences with an appropriate relative pronoun.

Il ragazzo sta uscendo dalla farmacia. Lui è Marco.

▶ Il ragazzo che sta uscendo dalla farmacia è Marco.

1 Oggi Marisa va da un'amica. L'amica abita davanti al mio ufficio.

....

2 Federica ha molti mobili antichi. Li ha comprati a Londra.

....

3 Andiamo a casa di una mia collega. Lei è appena tornata dalle vacanze.

....

4 Ieri ho perso l'ombrello. Tu mi hai regalato l'ombrello a Natale.

....

5 Stamattina ho incontrato Marco. Mi ha invitato a cena.

....

6 Alexandra prende il treno. Il treno parte alle ore 6.50.

....

Exercise 4

Using the introductory phrase, form six sentences by combining each relative clause (1-6) with the appropriate statement (a-f).

Marco è il ragazzo ...

1 di cui   a Alexandra esce più spesso.
2 a cui   b Alexandra è innamorata.
3 con cui   c Alexandra scrive ogni giorno.
4 a cui   d Alexandra ha deciso di tornare a Milano.
5 di cui   e Alexandra pensa tutto il giorno.
6 per cui   f Alexandra parla sempre.

....

....

....

....

Exercise 5

Form opposite pairs, as seen in the examples in bold.

chiaro	allegro	scuro	triste
presto	poco	**male**	amaro
veloce	**bene**	tanto	tardi
difficile	dolce	lento	facile

Vocabulary

Below is a list of the vocabulary encountered in this chapter:

amaro	*bitter*	**rivedere**	*to see/meet again*
capo *m*	*boss*	**sentire la**	*to miss someone*
innanzitutto	*first of all*	**mancanza di**	
progetto *m*	*project, plan*	**qualcuno**	
ricordo *m*	*memory, recollection*		

Key to exercises

Day 1

Exercise 1: 1. Valentina è a casa con la nonna. 2. Paolo è un amico di Valentina. 3. No, mi dispiace, non sono Alexandra, sono Silvia. 4. Alexandra è la ragazza bionda con la valigia. 5. Questo non è Paolo, questo è Stefano.
Exercise 2: 1-d; 2-e; 3-a; 4-b; 5-c.
Exercise 3: 1. Scusi, Lei è Marina Valenti? No, mi dispiace, sono Stefania De Vito. 2. Questo è Stefano, vero? No, questo è Paolo, un amico di Valentina. 3. Alexandra è un po' stanca per il viaggio.
4. Alexandra è la ragazza bionda con la valigia. 5. Stefano non è alla stazione ma a casa con la nonna.
Exercise 4: 1. è 2. è 3. siamo 4. sono 5. è 6. siete 7. sono.
Exercise 5: 1. Questa non è Valentina. 2. La mamma non è stanca. 3. Non siamo alla stazione. 4. Paolo e Marco non sono a scuola. 5. Il viaggio non è lungo. 6. Voi non siete biondi.
7. Stefano e Paolo non sono a casa.
Exercise 6: 1. è 2. la 3. stanca 4. viaggio 5. benvenuta 6. Ciao 7. bene 8. grazie
9. Sei 10. un po' 11. Questo 12. è 13. questo 14. è 15. Piacere 16. Piacere

Day 2

Exercise 1: 1. sta 2. stai 3. sto 4. sta 5. sta 6. stanno 7. state 8. sta
Exercise 2: 1-e; 2-f; 3-b; 4-c; 5-a; 6-d.
Exercise 3: Formell: 2; 3; 5; 7. Informell: 1; 4; 6.
Exercise 4: 1. ha (formal) 2. ha 3. ha (informal) 4. hanno 5. hai
Exercise 5: 1. Sto bene, grazie. 2. (Lui) è a casa con la nonna. 3. No, questo non è Marco, questo è Paolo. 4. Sì, sono molto stanca. 5. No, lei non è tedesca.
Exercise 6: 1. come 2. sorda 3. anni
Exercise 7: 1-c; 2-e; 3-f; 4-g; 5-d; 6-a; 7-h; 8-b.
Exercise 8: 1. italiano 2. inglese 3. svizzero 4. italiana 5. spagnole 6. giapponese
7. francesi

Day 3

Exercise 1: 1. la; le porte (door) 2. il; i letti (bed) 3. il; i quadri (picture) 4. la; le sedie
(chair) 5. la; le poltrone (armchair) 6. il; i tappeti (carpet) 7. la; le tavole (table)
Exercise 2: 1. la; le chiavi (key) 2. il; i bicchieri (glass) 3. la; le televisioni (TV) 4. il; i giornali
(newspaper) 5. la; le madri (mother) 6. il; i padri (father)
Exercise 3: 1. l' 2. il 3. l' 4. il 5. l' 6. lo 7. la 8. l' 9. la 10. la 11. l' 12. la
Exercise 4: 1. un 2. una 3. una 4. un 5. uno 6. uno 7. una 8. un' 9. un 10.
un' 11. un 12. un

Exercise 5:   C'è un armadio, un letto, un tappeto, una televisione, una poltrona, un giornale, un tavolo. Ci sono due sedie, tre quadri, sei bicchieri.

Exercise 6:   1. Il frigorifero è pieno.   2. La camera di Valentina non è grande.   3. La casa di Simona è bella.   4. Marco è gentile.   5. La zia di Valentina è gentile.   6. Alexandra è tedesca e bionda.   7. La stazione è grande.   8. Gli appartamenti sono grandi.

Day 4

Exercise 1:   guardare; mangiare; abitare; io guardo, mangio, abito; Carla guarda, mangia, abita; Valentina e Franco guardano, mangiano, abitano.

Exercise 2:   1. gioca   2. ama   3. parlano   4. parlo   5. suoni   6. lavora   7. abita   8. guardiamo   9. amate   10. lavoro

Exercise 3:   1. fa   2. fanno   3. fai   4. fa   5. fate   6. facciamo

Exercise 4:   è; italiana; abita; Ha; è; sportiva; Parla; suona; fa; mangia; Guarda; fa; fa; abitano; sono; gentili.

Exercise 5:   Paolo è un amico di Valentina. (Lui) abita a Milano. Ha 25 anni. È sportivo. Parla italiano e non suona la chitarra. Mangia molti dolci e guarda la televisione.

Exercise 6:   tredici; trentotto; cinquantaquattro; diciannove; ventisette; quarantasei; settantasette; novantadue; quaranta, ventitré, ottantuno; settantadue; sessantasei; cinquantasette; novantanove; sessantuno.

Day 5

Exercise 1:   1. capire   2. tornare   3. finire   4. vendere   5. sentire   6. prendere   7. vedere   8. guardare   9. lavorare   10. credere

Exercise 2:   1-e; 2-d; 3-b; 4-a; 5-c; 6-f.

Exercise 3:   1. sentono   2. torna   3. preferisce   4. guardano   5. Capisci   6. pulisce   7. Prendete   8. arriva

Exercise 4:   1. sente   2. capite   3. guardo   4. preferiscono   5. dorme   6. abitano

Exercise 5:   (Tu) capisci il francese, dormi molto e guardi la tv. Stefano e Valentina non capiscono il francese, dormono molto e non guardano la tv. La nonna capisce il francese, non dorme molto e guarda la tv.

Exercise 6:   1. No, torna tardi.   2. No, sente la musica.   3. No, preferisce l'acqua.   4. Sì, parla tedesco molto bene.   5. Sì, ho fame.

Exercise 7:   1. 894   2. 635   3. 227   4. 3976   5. 1.690.400   6. 1750   7. 3.130.000   8. 667.766

Day 6

Exercise 1:   1. dà   2. scegliete   3. tengo   4. paghiamo   5. giocano   6. sale   7. dici   8. Paghi, pago

Exercise 2:   1-b; 2-d; 3-e; 4-c; 5-a; 6-g; 7-f.

Exercise 3:   Orizzontali: 4. dico 5. dicono 8. paghiamo 9. tengo 11. salgo 12. sceglie 13. salite 14. giochi

Verticali: 1. dai 2. tenete 3. scelgono 4. dà 5. diamo 6. pagate 7. giochiamo 10. date

Exercise 4:   1. Le valigie sono leggere.   2. I film sono interessanti.   3. Le foto sono molto belle. 4. Le arance sono buone.   5. I medici sono bravi.   6. Gli amici di Marco sono simpatici.   7. Gli armadi sono grandi.   8. I laghi sono vicini.

Exercise 5:   1. Preferisci acqua o vino? / Vino, grazie. / Ecco. Allora cin-cin! 2. I genitori stanno bene? / Sì grazie, sono in vacanza. / Che bello! 3. Dov'è la cucina? / La cucina è qui a destra. Hai fame? / No, grazie, non ancora.

Day 7

Exercise 1:   1. Quando   2. Che cosa   3. Dove   4. Quanti   5. Perché   6. Chi   7. Che / Quale 8. Come

Exercise 2:   1. Facciamo spesso una passeggiata.   2. Non mangio mai gli spaghetti.   3. Marco legge sempre il giornale.   4. Qualche volta lavoro il sabato.   5. Viaggiamo raramente.

Exercise 3:   fumo, fumi, fuma, fumiamo, fumate, fumano; chiudo, chiudi, chiude, chiudiamo, chiudete, chiudono; apro, apri, apre, apriamo, aprite, aprono.

Exercise 4:   1. settantasette   2. centosettantanove   3. duemilacentocinquanta 4. dodicimilanovecento   5. centoventisette   6. quindicimilaseicento

Exercise 5:   1. la mamma, le mamme   2. lo spagnolo, gli spagnoli 3. l'animale, gli animali   4. il bagno, i bagni   5. l'aranciata, le aranciate   6. la vacanza, le vacanze 7. la televisione, le televisioni   8. l'appartamento, gli appartamenti   9. il bar, i bar   10. la valigia, le valigie

Exercise 6:   1. Le signore hanno due macchine.   2. Gli appartamenti sono piccoli.   3. I gatti stanno bene.   4. I libri sono interessanti.   5. Le ragazze giocano a tennis.   6. Mangiamo sempre le pizze. 7. Le amiche di Mara sono gentili.

Day 8

Exercise 1:   1. vanno   2. vado   3. va   4. vai   5. andiamo   6. va   7. andate

Exercise 2:

_	v	e	n	g	o	_	_	v
_	_	_	_	i	_	_	_	e
_	_	_	n	_	_	_	_	n
_	_	e	v	i	e	n	e	i
_	i	_	_	_	_	_	_	t
v	e	n	i	a	m	o	_	e
_	_	v	e	n	g	o	n	o

Exercise 3:   1. a, in   2. di, a   3. a   4. da   5. in   6. a

Exercise 4:   1. stanno   2. guardo   3. vengono   4. sei   5. andate   6. ama   7. hanno 8. prende   9. facciamo

Exercise 5:   1-e; 2-c; 3-b; 4-a; 5-d.

Exercise 6:   1. tavolo   2. ragazza   3. Germania   4. aranciata   5. grazie

Day 9

Exercise 1: mi alzo / vado / mi vesto / faccio / porto / vado / sono / lavoro / faccio / prendo / mi riposo / leggo / mangio / gioco / guardo / vado / vado / mi addormento

Exercise 2: 1. Mario è medico e va a lavorare alle otto e un quarto.   2. Franca è cameriera e va a lavorare alle quattro del pomeriggio.   3. Silvia è insegnante e va a lavorare alle otto e mezza.   4. Andrea è architetto e va a lavorare alle nove e un quarto.   5. Francesco è cantante e va a lavorare alle dieci.   6. Teresa è infermiera e va a lavorare alle sette meno un quarto.   7. Sara è dentista e va a lavorare alle nove e mezza.

Exercise 3: 1. si addormenta   2. si svegliano   3. ci alziamo; ci vestiamo   4. mi chiamo   5. vi riposate

Exercise 4: 1. le sette meno venticinque   2. le nove e tre   3. le nove e un quarto   4. mezzanotte;   5. mezzogiorno meno venti   6. l'una e mezza   7. le tre e dieci   8. mezzogiorno   9. le otto.

Exercise 5: 1. Alexandra non prende la metropolitana ma va in ufficio a piedi.   2. Valentina si alza alle sette, si lava e poi fa colazione.   3. Dopo cena la famiglia Masi guarda un film alla televisione.   4. La nuova amica di Alexandra si chiama Laura.   5. A mezzanotte Alexandra va a letto perché è stanca.

Day 10

Exercise 1: 1. la mia   2. Il mio   3. mia   4. i miei / 1. tuo   2. tua   3. le tue   4. Tuo / 1. le nostre   2. i nostri   3. La nostra   4. I nostri / 1. La vostra   2. le vostre   3. Il vostro   4. le vostre

Exercise 2: 1. i loro   2. i suoi   3. i suoi   4. la loro   5. sua   6. i loro.

Exercise 3: 1-d; 2-e; 3-f; 4-b; 5-a; 6-c.

Exercise 4: Il tuo amico Marco beve un caffè. / Tu bevi un'aranciata. / Paola beve un martini. / Voi bevete un tè. / Andrea e Luca bevono una cioccolata. / Noi beviamo un cognac. / Io bevo un'acqua minerale. / I miei genitori bevono un cappuccino.

Exercise 5: 1. ottantanove   2. centoquarantasei   3. millecinquecentottanta   4. centoventimila   5. trecentosettantasei   6. cinquemilioni trecentomila   7. duemilaseicentodieci   8. ventunmila

Exercise 6: 1. letto, lampada, sedia, tavolo   2. metropolitana, autobus, macchina, treno   3. zio, figlia, fratello, nonno   4. broccoli, insalata, zucchini, arancia

Day 11

Exercise 1: voglio, posso, devo, devo, so.

Exercise 2: vuole, può, deve, deve, sa. / vogliono, possono, devono, devono, sanno.

Exercise 3: 1. volete, dovete   2. Vogliono   3. posso, devo   4. sappiamo   5. Puoi   6. So

Exercise 4: al, alla, al, allo / della, dell', degli / dal, dalla, dai / nella, nel, nei / sul, sul, sulla

Exercise 5: 1. a, in 2. al, con i/coi 3. di, a 4. al, di

Exercise 6: Lunedì pomeriggio alle quattro e mezza Giovanni va dal medico. / Martedì sera Giovanni va a teatro. / Mercoledì pomeriggio alle sette e mezza gioca a tennis. / Giovedì sera va all'opera. / Venerdì mattina alle undici e un quarto fa una passeggiata nel parco. / Sabato pomeriggio all'una va a pranzo da Carla. / Domenica pomeriggio alle quattro va alla partita di calcio.

Day 12

Exercise 1: 1. guardato 2. leggere 3. scritto 4. chiudere 5. dormito 6. aprire 7. stato 8. suonare 9. preso 10. visitare

Exercise 2: 1. fatto 2. sentito 3. andati 4. preso 5. lavorato 6. stata 7. arrivati 8. chiuso

Exercise 3: 1. ha guardato 2. sono andato/a 3. hai sentito 4. siete tornati/e 5. hanno preso 6. è venuto 7. abbiamo aperto 8. sono arrivati/e

Exercise 4: 1. ho risposto 2. hai chiesto 3. ha perso 4. ha scritto 5. abbiamo messo

Exercise 5: Dopo colazione Alberta è andata in chiesa e Francesco ha fatto una passeggiata in centro. All'una sono andati insieme a pranzo dalla zia di Alberta. Al pomeriggio Francesco ha letto un libro e Alberta ha scritto alcune lettere. Alle otto sono andati a teatro e poi a cena in un ristorante messicano. Sono arrivati a casa alle undici e mezzo e sono andati subito a letto.

Exercise 6: 1. sul 2. in 3. nell' 4. a 5. di 6. dai 7. con 8. alla 9. dallo 10. del

Day 13

Exercise 1: arrivare, essere, andare, lavarsi, tornare, riposarsi, costare.

Exercise 2: sono nata; si sono trasferiti; ho frequentato; ho studiato; sono diventata; mi sono sposata; siamo andati; abbiamo comprato; sono nate; ho lavorato

Exercise 3: Alle sette e un quarto ha fatto la doccia. / Alle sette e mezza ha preso un caffè. / Alle otto è andata in ufficio in macchina. / A mezzogiorno e mezzo ha mangiato in mensa. / All'una e mezza ha fatto una passeggiata. / Alle cinque è andata in centro. / Alle sette è tornata a casa. / Alle otto e mezza ha cenato. / Alle undici è andata a letto. / Alle undici e un quarto si è addormentata.

Exercise 4: 1. Quando è nato lo zio Giovanni? 2. Quando è andata in America? 3. Quando hanno pranzato? 4. Quando avete letto il giornale?

Exercise 5: 1. da 2. di 3. dal 4. in 5. alle

Exercise 6: 1-c; 2-a; 3-e; 4-d; 5-b.

Day 14

Exercise 1: del; del; della; del; dei; delle; dell'; dello; delle; degli.

Exercise 2: 1. gli 2. mi 3. mi 4. le 5. ti 6. vi 7. ci 8. gli

Exercise 3: 1. gli 2. ne 3. ne 4. Le 5. le 6. gli

Exercise 4: 1. Mi piacciono 2. mi piace 3. Mi piace 4. Mi piace 5. mi piacciono 6. Mi piace

Exercise 5: 1-d; 2-a; 3-c; 4-e; 5-b.

Day 15

Exercise 1:   1. Lo   2. Le   3. vi   4. ti   5. mi   6. ci
Exercise 2:   1. la   2. le   3. lo   4. li   5. lo   6. la
Exercise 3:   1. lo   2. le   3. li   4. gli   5. La   6. Le   7. Gli
8. le
Exercise 4:   1. I nonni vanno a vedere un film al cinema.   2. Nadia non ha tempo di suonare il
pianoforte.   3. Preferiscono mangiare in pizzeria.   4. Aiuto i miei genitori a pulire l'appartamento.
5. Nicola non ha voglia di andare a scuola.

Day 16

Exercise 1:   1. chiudi   2. scrivete   3. porta   4. racconta   5. dormi   6. telefoni   7. vieni
8. da' / dai   9. dica   10. abbiate   11. vai / va'   12. fai / fa'
Exercise 2:   1. Faccia   2. fumi   3. Mangi   4. Prenda   5. Dorma   6. beva   7. Vada   8. mangi
Exercise 3:   Business: 1, 3, 4, 6. Private: 2, 5.
Exercise 4:   1. È accanto alla banca.   2. È vicino alla chiesa, dietro alla pizzeria.   3. È vicino al
parcheggio, dietro al supermercato.   4. È accanto alla pizzeria, vicino alla farmacia.   5. È vicino alla
farmacia.   6. È tra la banca e il supermercato.
Exercise 5:   1. Il cinema è in fondo alla strada.   2. Il ristorante è di fronte alla scuola.   3. La casa di
Luca è dietro alla chiesa.   4. La panetteria è accanto al negozio di abbigliamento.   5. La farmacia è
tra il supermercato e la banca.
Exercise 6:   1-f; 2-c; 3-a; 4-b; 5-d; 6-e.

Day 17

Exercise 1:   1. eccola   2. Eccoli   3. eccola   4. eccolo   5. Eccomi   6. Eccoci   7. Eccole
Exercise 2:   1. La mangio.   2. Lo devo comprare./Devo comprarlo.
3. Che cosa le regali?   4. La vuoi anche tu?   5. Gli piace molto la musica jazz.   6. È meglio
prenderlo.   7. Anche Alessandra li mangia.   8. Gli piace giocare a tennis.
Exercise 3:   1. te lo regala   2. non glieli porta   3. se li lava sempre   4. Te li porta   5. te la
scrivo   6. te le do
Exercise 4:   1. Piero gliela racconta.   2. Il signor Cattaneo gliela scrive.   3. Andrea glielo chiede.
4. La mamma glielo insegna.   5. Glielo presento.
Exercise 5:   Buongiorno! Un biglietto per Bologna, per favore. / Di seconda classe. / Scusi, sa a che ora
parte il prossimo treno? / Molte grazie. Arrivederci.

Day 18

Exercise 1:   1. Lavala!   2. Non lavarla con l'acqua calda!   3. Tagliala!   4. Mettila in
un'insalatiera!   5. Condiscila con olio, aceto, pepe e sale.   6. Assaggiala!   7. Portala in tavola!
8. Mangiala!
Exercise 2:   1. La lavi!   2. Non la lavi con l'acqua calda!   3. La tagli!   4. La metta in

un'insalatiera!   5. La condisca con olio, aceto, pepe e sale.   6. L'assaggi!   7. La porti in tavola!
8. La mangi!

Exercise 3:   1. Bevilo! – Lo beva!; Provalo! – Lo provi!; Assaggialo! – Lo assaggi!; Compralo! – Lo
compri!; Pagalo! – Lo paghi; Prendilo! – Lo prenda!; Guardalo! – Lo guardi!;   2. Provale! – Le provi!;
Comprale! – Le compri!; Pagale! – Le paghi; Prendile! – Le prenda!; Guardale! – Le guardi!;   3. Mangiali!
– Li mangi!; Provali! – Li provi!; Assaggiali! – Li assaggi!; Comprali! – Li compri!; Pagali! – Li paghi;
Prendili! – Li prenda!; Guardali! – Li guardi!;   4. Compralo! – Lo compri!; Pagalo! – Lo paghi; Prendilo! –
Lo prenda!; Guardalo! – Lo guardi!; Leggilo! – Lo legga!

Exercise 4:   1. la apra   2. mangiala   3. fumala   4. non comprarla   5. la chiuda   6. leggila

Exercise 5:   1. Portala in officina!   2. Scrivile una lettera!   3. Compralo!   4. Puliscilo!   5. Regalale
un mazzo di fiori.

Exercise 6:   1. fammi   2. dammi   3. dammi   4. Dimmi   5. Dammi   6. dammi

Exercise 7:   1-h; 2-f; 3-d; 4-e; 5-a; 6-b; 7-c; 8-g.

Day 19

Exercise 1:   1. parlando   2. dando   3. dicendo   4. vedendo   5. pulendo   6. incontrando
7. venendo

Exercise 2:   1. Piera si sta vestendo in camera sua.   2. Zia Carla sta partendo per le vacanze.
3. Stiamo andando a fare la spesa al supermercato all'angolo.   4. Sta facendo i compiti.   5. Stanno
telefonando a Carla per dirle di venire più tardi.   6. Stai ascoltando le notizie alla radio.

Exercise 3:   1. le sto telefonando adesso   2. si sta alzando adesso   3. le sto scrivendo adesso
4. lo stiamo bevendo adesso   5. sta uscendo adesso   6. lo sto preparando adesso

Exercise 4:   1. non va   2. –   3. non voglio   4. non ha invitato   5. –   6. Non sono   7. –
8. Non vuole

Exercise 5:   1. di   2. a – in   3. di   4. di – all'   5. di – al   6. di   7. di   8. a – alle

Exercise 6:   1-e; 2-d; 3-b; 4-a; 5-c.

Day 20

Exercise 1:   1. Sì, l'ho già letto.   2. L'ho sentita stamattina.   3. No, non l'ho ancora fatta.   4. Le
ho comprate al mercato.   5. Sì, l'ho già vista.   6. Sì, li ho già provati.   7. Li ho conosciuti a Firenze.

Exercise 2:   1. o   2. o   3. a   4. o   5. o   6. a   7. a   8. a   9. a   10. a   11. a

Exercise 3:   Ieri Alexandra si è svegliata alle 9.00. Alle 10.00 ha fatto una passeggiata con Piera. Alle
12.30 ha pranzato in casa. Alle 14.00 ha guardato la tv. Alle 19.00 è venuto Marco e l'ha portata a cena al
ristorante "Le tre noci". A mezzanotte è andata a letto.

Exercise 4:   1. la   2. Gli   3. te la   4. li   5. l'   6. ti   7. lo   8. la   9. gli   10. le

Exercise 5:   Ieri Roberto si è alzato presto. Ha fatto colazione in un bar e poi è andato in ufficio. Alle
11.00 gli ha telefonato Cristina e gli ha chiesto di andare a pranzo insieme. Così si sono incontrati alle 12.30
al ristorante "Al Mulino" e hanno mangiato una bella insalata. Poi Roberto è tornato in ufficio. Alle 18.00 è
uscito ed è andato a casa di Mariella. Loro hanno chiacchierato un po' e poi sono andati al cinema. Dopo il
cinema sono andati in un bar e a mezzanotte sono tornati a casa.

Exercise 6:   Studia; pulisci; non ascoltare; fa' / fai; porta; leggi; va' / vai; non fumare; ascolta.

Exercise 7:   dove abita? / Dov'è nata? / Quanti figli ha? / Lavora? / A che ora si alza la mattina? / A che ora comincia a lavorare? / Dove mangia a mezzogiorno? / A che ora finisce di lavorare?

Exercise 8:   Francesca Rinaldi è nata a Foggia il 7 ottobre 1958. Dal 1964 al 1972 ha frequentato la scuola elementare e media a Foggia e dal 1973 al 1978 il liceo a Bari. Nel 1979 ha sposato Fabrizio De Santi. Dal 1980 al 1986 ha lavorato come impiegata alle poste di Bari. Nel 1986 è nata sua figlia Cristina. Dal 1990 al 1995 ha lavorato ancora come impiegata alle poste di Bari e nel 1995 è nato suo figlio Luca.

Day 21

Exercise 1:   andavo; accompagnava; restava; tornava; doveva; andavamo; era; facevamo; andavamo; era; giocavamo; telefonavamo; raccontavamo

Exercise 2:   1. mangiava   2. tornava – ha incontrato   3. usciva   4. aveva   5. aspettava – è svenuta   6. guardavo – è arrivato   7. piaceva

Exercise 3:   1. Ieri, mentre dormivo, ha suonato il telefono 2. Ieri, mentre bevevo il caffè, è arrivata la mia collega. 3. Ieri, mentre facevo la maglia, è entrato un gatto. 4. Ieri, mentre lavoravo, il mio collega ha fumato una sigaretta.

Exercise 4:   1. dal   2. durante   3. da   4. per   5. Mentre
6. A – Alle   7. Tra

Exercise 5:   1-b; 2-c; 3-a; 4-c.

Day 22

Exercise 1:   1. Il cappotto è più elegante della giacca.   2. L'aereo è più comodo del treno.   3. La lambada è più moderna del valzer.   4. I pantaloni sono più pratici della gonna.   5. L'inglese è più facile dell'italiano.

Exercise 2:   1. Mi piace di più andare a piedi che andare in macchina.   2. Mi piace di più la mia bicicletta della tua.   3. Mi piace di più Venezia che Bologna.   4. Mi piace di più suonare il pianoforte che andare a un concerto.   5. Mi piace di più il cappuccino del tè.

Exercise 3:   1. Qual è il vino più buono della Germania?   2. Qual è la montagna più alta del mondo?   3. Qual è il film più bello dell'anno?   4. Qual è il ristorante peggiore della città?   5. Qual è il vestito più bello del negozio?

Exercise 4:   bello specchio / bei quadri / begli armadi / bella casa / bell'ufficio / belle poltrone

Day 23

Exercise 1:   1. si va   2. si conoscono   3. si fa   4. si leggono   5. si fanno   6. si mangia

Exercise 2:   1. si può   2. si deve   3. si vuole, si deve   4. si può   5. si può, si vuole   6. si può

Exercise 3:   2. Mi sono messo/a il cappotto perché faceva freddo.   3. Ho mangiato un hamburger perché avevo fame.   4. Ho preso l'ombrello perché pioveva.   5. Non sono andato/a al cinema perché ero stanco/a.   6. Ho comprato dei fiori perché era il compleanno di Pia.   7. Ho fatto una passeggiata perché faceva bello.   8. Ho bevuto una birra perché avevo sete.

Exercise 4:   Hai visto / eravamo / abbiamo deciso / abbiamo fatto / faceva / nuotavamo / abbiamo visto / è rimasta / doveva.

Exercise 5:   1. A Torino è sereno, c'è il sole, fa bello.   2. A Venezia c'è il sole, è nuvoloso.   3. A Pisa è nuvoloso, è coperto.   4. A Roma è coperto, è nuvoloso.   5. A Bari piove.   6. A Catania piove. 7. A Cagliari ci sono temporali.

Exercise 6:   ristorante messicano; pesce fresco; viaggio lungo; fragola dolce; vestito verde; acqua naturale.

Exercise 7:   1. bianco   2. blu   3. rossi   4. giallo   5. bianco, rosso   6. verde

Day 24

Exercise 1:   2. Fai / Fa' ginnastica   3. Nuota   4. Fai / Fa' un massaggio /   2. Vada a letto   3. Mangi qualcosa   4. Vada dal medico /   1. Prendi un tè   2. Mettiti a letto   3. Non prendere freddo

Exercise 2:   1. quella   2. Quei   3. quell'   4. quelle   5. quegli   6. quel   7. quello

Exercise 3:   1. Quella   2. questo, questo, quello   3. Quelle, quelle, Quelle

Exercise 4:   1. regista   2. discoteca   3. fame   4. mano   5. scarpe

Exercise 5:   Vorrei qualcosa contro il mal di testa. / Quante ne devo prendere? / Grazie. / No, grazie. Quanto fa? / Arrivederci.

Day 25

Exercise 1:   1. loro; Lei; lui   2. a me   3. Noi; a te; me   4. a voi

Exercise 2:   1. senza di voi   2. da te   3. a lei   4. con lui   5. sotto di te   6. per loro

Exercise 3:   Buona serata! Buona Pasqua! Buona fortuna! Buon compleanno! Buone vacanze! Buon viaggio! Buon Anno!

Exercise 4:   1. tennis   2. sci   3. nuoto   4. pallavolo   5. calcio

Exercise 5:   Buongiorno. / Vorrei avere alcune informazioni sui corsi. / Purtroppo posso solo la sera. / Quanto costa il corso? / E devo fare un test? / No, vengo la settimana prossima. Molte grazie e arrivederci.

Day 26

Exercise 1:   1. alzerei; andrei; pulirei; inizierei; farei; andrei   2. resterei; guarderei; leggerei; farei; andrei; cucinerei; vorrei   3. dormiremmo, faremmo, andremmo, incontreremmo, giocheremmo, andremmo

Exercise 2:   Tu: Faresti un lungo viaggio. Smetteresti di lavorare. Compreresti una casa. Andresti a vivere in America. Aiuteresti i bambini poveri. /   Alexandra: Farebbe un lungo viaggio. Comprerebbe una casa. Andrebbe a vivere in America. Aiuterebbe i bambini poveri. /   Piera e Luigi: Farebbero un lungo viaggio. Smetterebbero di lavorare. Comprerebbero una casa. Aiuterebbero i bambini poveri.

Exercise 3:   1. potrebbe   2. dispiacerebbe   3. Vorrei   4. sapresti   5. potreste   6. porterebbe   7. Potrebbe

Exercise 4: A: Ho deciso: domenica andiamo a Firenze. B: Ma non ci siete stati un mese fa? A: Sì, ci siamo stati per lavoro. B: E perché domenica ci volete ritornare? A: Perché Firenze è una città molto interessante. B: Noi invece andiamo a Como. Perché non venite anche voi? A: Non ho voglia, ci sono stata anche domenica scorsa. B: Ah sì? E con chi ci sei andata? A: Ci sono andata con dei colleghi.

Exercise 5: 1-b; 2-e; 3-a; 4-f; 5-d; 6-c.

Day 27

Exercise 1: 1. ci vuole/occorre   2. ci vogliono/occorrono
3. ci vogliono/occorrono   4. ci vuole/occorre   5. ci vuole/occorre   6. ci vogliono/occorrono   7. ci vogliono/occorrono   8. ci vogliono/occorrono

Exercise 2: 1. Ci vuole/Occorre   2. Ci vogliono/Occorrono   3. Bisogna   4. ha bisogno di   5. ha bisogno di   6. bisogna   7. bisogna

Exercise 3: 1. alla   2. –; –   3. a   4. alla   5. al

Exercise 4: A = Valentina B = nonna C = Alexandra D = papà E = Stefano F = mamma.

Exercise 5: 1. Non ci vuole un chilo di zucchero ma un etto.   2. Bisogna ammorbidire la colla di pesce in acqua fredda.   3. Non bisogna bollire il latte e la panna.   4. Giusto.   5. Alla fine non bisogna mettere tutto in forno ma in frigorifero per sei ore.

Exercise 6: mattino, pomeriggio, sera, notte / lunedì, martedì, mercoledì, giovedì, venerdì, sabato, domenica / gennaio, fabbraio, marzo, aprile, maggio, giugno, luglio, agosto, settembre, ottobre, novembre, dicembre / primavera, estate, autunno, inverno.

Day 28

Exercise 1: 1. tutte   2. ogni   3. nessuno   4. tutto   5. tutti, niente   6. qualche   7. qualcosa

Exercise 2: 1. da   2. di   3. di, da   4. –   5. di   6. di, da

Exercise 3: 1. tutta la   2. tutte e   3. tutto il   4. tutti gli   5. tutto il   6. tutti e

Exercise 4: 1. Ieri non è arrivato nessuno dalla Spagna.   2. Non vorrei comprare niente da mangiare.   3. Nessuno dei miei amici sa parlare inglese.   4. Non ho letto nessun libro di Moravia.   5. Non mi piacerebbe andare in vacanza con nessuno di voi.   6. Non ha nessun problema con suo marito.

Exercise 5: 1-c; 2-d; 3-b; 4-e; 5-a.

Exercise 6: A: Pronto? B: Buongiorno, signora Bertoli, sono la signora Gavoni. Come sta? A: Bene, grazie, e Lei? B: Bene. Le telefono perché vorremmo invitarLa una sera a cena da noi. A: Volentieri, quando? B: Quando ha una serata libera? A: Dunque, al martedì vado ad un corso d'inglese, ma le altre sere sono libera. B: Le andrebbe bene venerdì? A: Sì, benissimo, a che ora? B: Alle 8.00? A: Benissimo, a venerdì, allora. B: Sì a venerdì! Arrivederci.

Day 29

Exercise 1: andrà; Partirà; Andranno; prenderanno; Staranno; Faranno; prenderanno; mangeranno; passeranno; Sarà.

Exercise 2: 1. finirà   2. verrà   3. andranno   4. dovrà   5. vorrà   6. arriverà, rimarrà   7.

torneremo   8. si sposeranno

Exercise 3:   serenamente; gentilmente; teneramente; difficilmente; lentamente; pigramente; velocemente; sinceramente, dolcemente.

Exercise 4:   1. gentile   2. gentilmente   3. teneramente   4. tenera   5. corretta   6. correttamente   7. silenziosamente   8. silenziosa   9. allegro   10. allegramente

Exercise 5:   1. è tornata   2. andrò   3. andavo   4. mi alzo   5. era   6. hai visto   7. andavo, ho incontrato   8. partirà   9. vieni, smetti   10. capisce

Exercise 6:   1. dente, spalla, pancia, mano   2. temporale, pioggia, vento, nuvola   3. nozze, sposa, matrimonio, testimone   4. serbatoio, targa, automobile, portiera

Day 30

Exercise 1:   1. che   2. cui   3. che   4. cui   5. che   6. che   7. cui   8. cui

Exercise 2:   2. la quale   4. della quale   7. la quale   8. il quale

Exercise 3:   1. Oggi Marisa va da un'amica che abita davanti al mio ufficio.   2. Federica ha molti mobili antichi che ha comprato a Londra.   3. Andiamo a casa di una mia collega che è appena tornata dalle vacanze.   4. Ieri ho perso l'ombrello che tu mi hai regalato a Natale.   5. Stamattina ho incontrato Marco che mi ha invitato a cena.   6. Alexandra prende il treno che parte alle ore 6.50.

Exercise 4:   1-b; 2-c; 3-a; 4-e; 5-f; 6-d.

Exercise 5:   chiaro – scuro; presto – tardi; veloce – lento; difficile – facile; allegro – triste; poco – tanto; bene – male; dolce – amaro.

Vocabulary

Here is a list of all of the vocabulary that you have encountered throughout the book.

A

a base di	on the basis of
a buon mercato	cheap
a casa	at home
a causa di	because of
a dire la verità	to be honest, tell the truth
a disposizione	at one's disposal
a notte	per night
a piedi	on foot
a più tardi	see you later
a posto	in order, OK
a presto	see you soon
a proposito	by the way
a righe	striped
abbastanza	enough, pretty much
abbigliamento *m*	clothing
abbronzato	tanned
abitare	to live
abito da sposa *m*	wedding dress
accanto a	besides
accendere	to turn on
accessorio *m*	accessory
accidenti	Damn it!
accompagnare	to accompany
accostare	to pull over
aceto *m*	vinegar
ACI	Italian motorist club
acqua *f*	water
acqua minerale naturale *f*	non-carbonated mineral water

addormentarsi	to fall asleep
adesso	now
aereo *m*	aeroplane Br / airplane Am
affascinante	fascinating
affittare	to rent
affitto *m*	rent, lease
aggiungere	to add
agosto *m*	August
aiutare	to help
aiuto *m*	help
albicocca *f*	apricot
alcuni	a few
alfabeto *m*	alphabet
all'aperto	outdoors
alla salute	to your health
alla stazione	at the station
allegro	happy
allora	so, then
almeno	at least
alto	high
altrettanto	to you too
altrimenti	otherwise
altro	others
alzarsi	to get up
amare	to love
amaro	bitter
ambientarsi	to settle in
ambiente *m*	atmosphere
America *f*	America
americano	American
amicizia *f*	friendship
amico *m*	friend (male)

ammorbidire	*to soften up*
anch'io	*me too*
anche	*also*
ancora	*still, yet*
andare	*to go, drive*
andare via	*to leave*
andata e ritorno	*return Br /*
	round-trip Am ticket
andiamo	*let's go*
angelo *m*	*angel*
angolo *m*	*corner*
angora *f*	*angora wool*
animale *m*	*animal*
anni trenta	*thirties*
anno *m*	*year*
annoiarsi	*to be bored*
annuncio	*advertisement*
pubblicitario *m*	
antico	*old, antique*
antifurto *m*	*antitheft device*
antipatico	*unpleasant*
anzi	*on the contrary*
apparecchiare	*to set*
appetito *m*	*appetite*
appuntamento	*appointment*
aprile *m*	*April*
aprire	*to open*
arancia *f*	*orange*
architetto *m*	*architect*
argentino *m*	*Argentinian*
aria *f*	*air*
arrabbiato	*angry, upset*
arrivare	*to arrive*
arrivederci	*goodbye*
arrosto *m*	*roast*
asciugamano *m*	*towel*
ascoltare	*to listen, hear*
asilo nido *m*	*day care/nursery*

asparago *m*	*asparagus*
aspettare	*to wait*
aspirina *f*	*aspirin*
assaggiare	*to taste, try*
assolutamente	*absolutely*
attendere	*to wait*
attento	*attentive, attention*
attenzione *f*	*attention, care*
attimo *m*	*moment*
attore *m*	*actor (male)*
attrice *f*	*actor (female)*
augurio *m*	*wish*
austriaco *m*	*Austrian*
autobus *m*	*bus*
autunno *m*	*autumn Br / fall Am*
avanti	*come in*
avere	*to have*
avere voglia	*to want to do*
avventura *f*	*adventure*
azzurro	*blue*

B

bacione *m*	*big kiss*
baffi *m pl*	*moustache*
balcone *m*	*balcony*
ballare	*to dance*
bambino *m*	*child*
bambola *f*	*doll*
banana *f*	*banana*
banca *f*	*bank*
bar *m*	*(coffee) bar*
barca *f*	*boat, ship*
barca a vela *f*	*sail boat*
basso	*low*
bastare	*to suffice, be enough*
batteria *f*	*battery*
battesimo *m*	*baptism*
beige	*beige*

bene	good, fine
benissimo	excellent
benvenuto	welcome
benzina f	petrol, gasoline
benzinaio m	attendant
	(at a petrol Br /
	gas Am station)
bere	to drink
bianco	white
bibita f	drink
biblioteca f	library
bicicletta f	bicycle
biglietto m	ticket
biondo	blond
birra f	beer
birreria f	pub, bar
biscotto m	biscuit Br / cookie Am
bisogna	you need to
blu	blue
bocca f	mouth
bollire	to boil
bomboniera f	box of sweets
	(given at weddings,
	baptism, etc.)
borsa f	bag
bottiglia f	bottle
braccio m	arm
bravo	good
broccolo m	broccoli
bruciare	to burn
brutto	ugly
budino m	pudding
buonanotte	good night
buonasera	good evening
buongiorno	good day, hello
buono	good
bustina f	packet

C

cabina telefonica f	telephone booth
caffè m	coffee
calcio m	football Br /soccer Am
caldo	warm
cambiare	to change, switch
camera f	room
camera doppia	double room
camera f matrimoniale	room with a double bed
camera singola	single room
cameriera f	waitress
cameriere m	waiter
camicetta f	blouse
camicia f	shirt
camminare	to walk, go on foot
camoscio m	suede
campionario m	sample catalogue
campo m	field
canale m	channel
candela f	candle
cane m	dog
cantante m/f	singer
cantare	to sing
caotico	chaotic
capello m	hair
capire	to understand
capo m	boss
cappotto m	coat
cappuccino m	coffee (with frothy milk)
Caraibi m pl	Caribbean
caramella f	sweets Br / hard candy Am
carino	kind, nice
carne f	meat
caro	dear
carota f	carrot
carte f pl	cards

cartolina *f*	*postcard*
casa *f*	*house, flat Br / apartment Am*
casa in affitto *f*	*rental flat Br / apartment Am*
casalinga *f*	*housewife*
cassetto *m*	*drawer*
cattivo	*nasty, mean, bad*
cellulare *m*	*mobile Br / wireless Am phone*
cena *f*	*dinner*
cenare	*to eat dinner*
centro *m*	*centre*
cercare di	*to try*
cerchio *m*	*circle*
cerotto *m*	*plasters/band-aids*
certamente	*certain(ly)*
certo	*certainly, sure*
cestino *m*	*basket/punnet*
che	*which/who/that*
Che bello!	*How nice!*
che cosa	*what*
Che fortuna!	*Lucky you!*
Che ora è?	*What time is it?*
Che sorpresa!	*What a surprise!*
chi	*who*
chiacchierare	*to chat*
chiamarsi	*to call*
chiaro	*bright*
chiedere	*to ask*
chiesa *f*	*church*
chilo *m*	*kilo(gramme)*
chirurgo *m*	*surgeon*
chissà	*who knows*
chitarra *f*	*guitar*
chiudere	*to close*
chiuso	*closed*
ci	*here/there; us (pron)*
ci vediamo	*we'll see each other*
ci vuole/	*you need to*
ci vogliono	

ciao	*hello, goodbye*
cielo *m*	*sky*
ciliegia *f*	*cherry*
cin-cin	*cheers*
cinema *m*	*cinema*
cinese	*Chinese*
cioccolata *f*	*hot chocolate*
cipolla *f*	*onion*
circa	*approximately*
città *f*	*city, town*
classe *f*	*class*
classico	*classic(al)*
cofano *m*	*bonnet Br / (engine) hood Am*
cognata *f*	*sister-in-law*
cognato *m*	*brother-in-law*
cognome *m*	*surname*
colazione *f*	*breakfast*
colla di pesce *f*	*sheet gelatine*
collega *m /f*	*colleague*
collezione *f*	*collection*
collo *m*	*neck*
colore *m*	*colour*
coltello *m*	*knife*
come	*how*
Come stai/sta?	*How are you? (informal/formal)*
cominciare	*to start*
commedia *f*	*comedy*
commissione *f*	*errand*
comodo	*comfortable*
compito *m*	*homework*
compleanno *m*	*birthday*
comprare	*to buy*
comprendere	*to consist of, understand*
compreso	*inclusive*
comunale	*municipal*
con	*with*
con me	*with me*
concerto *m*	*concert*

condire	to prepare (salad)		dal... al...	from...to...
confermare	to confirm		dare	to give
confetto *m*	candy		dare	to show,
conoscere	to know, get to know		(al cinema)	(in the cinema)
conoscersito	get to know one another		dare	to please (someone)
consigliare	to advise		soddisfazione	
consiglio *m*	advice		dare un	to have a reception
contadino *m*	farmer		ricevimento	
contento	happy,		dare un'occhiata	to take a look
continuare	to drive on/continue		data *f*	date
conto *m*	bill Br / check Am (in restaurant)		data di nascita *f*	date of birth
contro	against, for		davanti a	before
controllare	to control		decidere (di)	to decide
coperto	overcast		decorare	to decorate
corretto	correct, right		dente *m*	tooth
corso *m*	course, class		dentifricio *m*	toothpaste
corto	short		dentista *m/f*	dentist
cosa *f*	cause, matter		dentro	inside, in
così	so		depressione *f*	depression
costare	to cost		depresso	depressed
costoso	expensive		desiderare	to wish, desire
costume da	bathing suit		d'estate	in the summer
bagno *m*			d'inverno	in the winter
cotto	cooked		di	from
credere	to believe		di buon'umore	in a good mood
crema da sole *f*	suntan lotion		di corsa	in a hurry
cucchiaio *m*	spoon		di fianco a	next to
cucinare	to cook		di fronte a	opposite
cugino *m*	cousin		di nascosto	secretly
cuocere	to cook		di persona	personally
cuoco *m*	cook (noun)		di sicuro	certainly
			di solito	normally
D			diario *m*	diary
d'accordo	agreed		dicembre *m*	December
da queste parti	in this area		dieta *f*	diet
da solo	alone		dietro a	behind
da tre anni	since three years		difficile	difficult
Dai!	Come on!		dimagrire	to lose weight

dimenticare	to forget
dintorni *m pl*	surrounding area
dipingere	to paint
dire	to say
direttamente	directly
direttore *m*	director
discoteca *f*	disco, nightclub
disinserire	to disconnect
disordine *m*	disorder/ untidy
disperato	desperate
disperazione *f*	despair
disponibile	available
disturbare	to disturb
disturbi *m pl*	ailment, symptoms
disturbo *m*	disturbance
dito *m*	finger
ditta *f*	company
diventare	to become
diverso	different
divertente	funny, amusing
divertirsi	to have fun, enjoy
divieto di sosta	no parking
dizionario *m*	dictionary
doccia *f*	shower
dolce *m*	sweets Br /candy Am; sweet (adj)
dolcissimo	very sweet
domani	tomorrow
domenica *f*	Sunday
dopo	after(wards)
dormire	to sleep
dottore *m*	GP Br / doctor Am
dove	where
dovere	to have to, must
diritto	straight ahead
dunque	well then
durante	during

E

e	and
e così via	and so on
ecco	here/there is
eccoci	here we are
eccola	here she is
economia *f*	economics
ed	and (when followed by a vowel)
edicola *f*	newsstand
efficace	effective
elegante	elegant
emigrare	to emigrate
emozionato	excited
emozione *f*	excitement
entrare	to enter
erba *f*	grass
esame *m*	exam, test
espresso *m*	espresso
essere	to be
essere fortunato	to be lucky
essere in ritardo	to be late
essere raffreddato	to have a cold
estate *f*	summer
etto *m*	100 grammes
euforia *f*	euphoria
euforico	euphoric
Europa *f*	Europe

F

fa freddo	it is cold
fa caldo	it is warm
facile	easy
facilmente	easily
fame *f*	hunger
famiglia *f*	family
famoso *f*	famous

fare	to do
far bene	to do good
far piacere	to enjoy
fare amicizia	to make friends
fare attenzione	to pay attention, watch out
fare il pieno	to fill up
fare la doccia	to take a shower
fare la maglia	to knit
fare la spesa	to go shopping
fare le vacanze	to spend a holiday Br / go on vacation Am
fare quattro salti	to go for a dance
fare un giro per negozi	to go for a stroll around the shops
farmacia f	chemist's Br / pharmacy Am
farmacista m /f	chemist Br / pharmacist Am
faro m	headlight
faticoso	exhausting
fattore protettivo m	protection factor (of sunscreen)
fattoria f	farm
favola f	story
favore m	favour
febbraio m	February
febbre f	fever
felice	happy, content
felicità f	happiness
ferie f pl	holidays
festa f	holiday, feast
festeggiare	to celebrate
fidanzato	engaged
fidanzato m	fiancé
figlia f	daughter
figlio m	son
film m	film, movie
finalmente	at last, finally
fine f	end
finestra f	window

finire	to end/ finish
fino a	until
fiore m	flower
focaccia f	flat bread
forchetta f	fork
forno m	oven
forse	maybe
forte	strong
fortuna f	fortune
foto f	photo
fotografia f	photo
fra	between
fragola f	strawberry
frana f	disaster, catastrophe
francese	French
francobollo m	postage stamp
fratello m	brother
freno m	brake
freno a mano m	hand brake
frequentare	to visit
fresco	fresh
fretta f	hurry
frutta f	fruit
fruttivendolo m	fruit vendor
fumare	to smoke
funzionare	to function
fuoco m	fire

G

galleria f	gallery
gamba f	leg
gatto m	cat
gelatina f	gelatine
gelato misto m	mixed ice cream
gemello m	twin
genere m	kind, genre
genitori m pl	parents
gennaio m	January

Genova *f*	Genoa
gentile	nice, friendly
già	already
giacca *f*	jacket
giallo	yellow
giapponese	Japanese
giardino *m*	garden
ginecologo *m*	gynaecologist
ginnastica *f*	gymnastics
ginocchio *m*	knee
giocare	to play
giocare a pallavolo	to play volleyball
giocare a tennis	to play tennis
giornata *f*	day
giorno *m*	day
giovane	young
giovedì *m*	Thursday
giovinezza *f*	youth
girare	to turn
giro *m*	stroll, tour
gita *f*	trip
giugno *m*	June
giusto	correct, right
goccia *f*	drop
golf *m*	golf
gonna *f*	skirt
grammo *m*	gram
grazie	thank you
grazie mille	many thanks
Grecia *f*	Greece
grigio	grey
grissino *m*	breadstick
gruppo *m*	group
guadagnare	to earn
guardare	to look
guasto *m*	breakdown
guerra *f*	war
guidare	to drive (car)
gusto *m*	taste

H

| ha 83 anni | he/she is 83 years old |
| hai proprio ragione | you are absolutely right |

I

ideale	ideal
ieri	yesterday
il tempo vola	time flies
imbarazzato	embarrassed
imbarazzo *m*	embarrassment
imparare	to learn
impegnativo	demanding
impegno *m*	appointment
impiegata *f*	employee
in fretta	in a hurry
in mezzo a	in the middle of
in montagna	in the mountains
in ogni caso	in every case
in questi giorni	these days
in tinta unita	uni-coloured
incontrare	to meet
incontrarsi	to meet
inconveniente *m*	inconvenience
infermiera *f*	nurse
informarsi	to inform oneself
informazione *f*	information
inglese	English
iniziare	to start
inizio *m*	start, beginning
innamorato (di)	in love (with)
innanzitutto	first of all
insalata *f*	salad, lettuce
insegnante *m /f*	teacher
insieme	together

intendere	to intend
intensivo	intensive
intenzione f	intention
interessante	interesting
interessare	to interest
interesse m	interest
inutile	useless
invalido m	disabled person
invece	rather, on the other hand
inverno m	winter
invitare	to invite
invitato m	guest
invito m	invitation
isola f	island
italiano	Italian

L

l'altro ieri	day before yesterday
là	there
lago m	lake
lampada f	lamp
lana f	wool
lasagne f pl	lasagne
lasciare	to leave (behind)
latte m	milk
lattina f	can
lavanderia f	laundry
lavare	to wash
lavarsi	to wash oneself
lavorare	to work
lavorare come	to work as
leggere	to read
lento	slow
lettera f	letter
lezione f	lesson
lì	there
libero	free
libertà f	freedom

libreria f	bookshop
libro m	book
liceo m	secondary school (high school)
lingua f	language
lista f	list
litigare	to quarrel/ argue
litro m	litre
lo stesso	the same
locale m	restaurant, bar
luglio m	July
luna f	moon
lunedì m	Monday
lungo	long
luogo m	place
luogo di m nascita	place of birth

M

ma	but
Ma figurati!	Oh please!
macchina f	car
macchina da scrivere f	typewriter
macchina da corsa f	racing car
macellaio m	butcher
macelleria f	butcher's
magari	maybe
maggio m	May
maglia f	knitting
maglione m	pullover Br / sweater Am
mai	never
mal di gola m	sore throat
male	bad
male m	pain, ache
malinconia f	melancholy
malinconico	melancholic
malissimo	very bad

mamma *f*	mother, mum
mancare	to lack, miss
mancia *f*	tip
mandare	to send
mangiare	to eat
mangiare di gusto	to enjoy eating
mano *f*	hand
mare *m*	sea
marito *m*	husband
marmellata *f*	jam
marrone	brown
martedì *m*	Tuesday
marzo *m*	March
massaggio *m*	massage
matita *f*	pencil
matrimonio *m*	wedding
mattina *f* / mattino *m*	(early) morning
maturità *f*	secondary school exam
maturo	ripe; mature
mazzo *m*	bouquet (flowers)
media	(here:) half a litre of beer
medicina *f*	medicine, drugs
medicinale *m*	medicine, drugs
medico *m*	doctor
meglio	better
melanzana *f*	aubergine Br / eggplant Am
meno	less
meno male	thank goodness
mensa *f*	cafeteria
mentre	while
meraviglioso	wonderful
mercato *m*	market
mercoledì *m*	Wednesday
mese *m*	month
messaggio *m*	message

messicano	Mexican
metropolitana *f*	subway
mettere	to put
mettersi a dieta	to go on a diet
mezz'ora	half hour
mezzanotte *f*	midnight
mezzo	half
mezzogiorno *m*	midday
mi dispiace	I am sorry
militare *m*	soldier
minestrone *m*	minestrone, vegetable soup
minuto *m*	minute
mio	my, mine
miracolo *m*	miracle
moda *f*	fashion
modello *m*	model
moderno	modern
moglie *f*	wife
moltissimo	very much
molto	much, plenty
momento *m*	moment
mondo *m*	world
montagna *f*	mountain
morire	to die
motore *m*	engine, motor
movimentato	(here:) exciting
mulino *m*	mill
museo *m*	museum
musica *f*	music
musica lirica *f*	opera music
muso *m*	snout, muzzle; slang for face / nose

N

nascere	to be born
nascita *f*	birth
nascondersi	to hide (oneself)
naso *m*	nose
Natale *m*	Christmas

natura f	nature
naturalmente	naturally
ne	some, any, of (something)
neanche	not even
nebbia f	fog
necessario	necessary
negozio m	shop, store
nemmeno	not even
neppure	not even
nero	black
nervoso	nervous
nessuno	no one
nevicare	to snow
niente	nothing
niente di speciale	nothing special
nipote m / f	grandchild, niece, nephew
no	no
noce f	nut
noioso	boring
nome m	name
non	not
non ancora	not yet
non c'è male	not bad
non fa per me	(that's) not for me
non importa	it doesn't matter, it's not important, that's OK
non lo so	I don't know
non nessuno	no one
non vedo l'ora	I can hardly wait
nonna f	grandmother
nonni m pl	grandparents
nonno m	grandfather
normale	normal
nostalgia f	homesickness
notizia f	news
notte f	night
novembre m	November
nozze f pl	wedding
nulla	nothing
numero m	number
nuotare	to swim
nuoto m	swimming
nuovo	new
nuvola f	cloud
nuvoloso	cloudy

O

o	or
occhiali da sole m pl	sunglasses
occhiata f	look, glance, peak
occhio m	eye
occupato	occupied
oculista m /f	ophthalmologist
officina f	repair shop
offrire	to offer
oggi	today
ogni	everybody
ognuno	every(one)
olio m	oil
oltre a	except
ombrello m	umbrella
omeopatico	homeopathic
onomastico m	name day
opera f	opera
opinione f	opinion
oppure	or
ora	now
ora f	hour
ora di punta f	rush hour
orario m	schedule
orario di apertura m	opening hours
orecchio m	ear
organizzare	to organize

ormai	now
orologio m	clock, watch
ospedale m	hospital
ottimo	excellent
ottobre m	October

P

pacco m	package
padella f	saucepan
paese m	village, country(side)
pagare	to pay
palestra f	gym
palla f	ball
pancia f	abdomen
pane m	bread
panetteria f	bakery
panna f	cream
pantaloni m pl	trousers Br / pants Am
papà m	father
parabrezza m	windscreen Br / windshield Am
paraurti m	bumper
parcheggiare	to park
parcheggio m	parking space
parco m	park
parecchio	rather much
parlare	to speak
parrucchiere m	hairdresser
partire	to leave
partita f	match, game
Pasqua f	Easter
passaporto m	passport
passare	to go by (time), to connect with
passare a prendere	to pick up, collect
passeggiata f	walk
pasta f	pasta
pasticceria f	pastry shop
pastiglia f	pill, tablet

pasto m	meal
patata f	potato
patente f	driving licence Br / driver's license Am
paura f	fear
pausa f	break, pause
pazienza f	patience
pecora f	sheep
pecorella f	lamb
pediatra m / f	pediatrician
peggio	worse
pelle f	leather
pendolare m	commuter
pensare	to think
pensionato m	retiree/senior citizen
pensione f	guesthouse
pentola f	pot
pepe m	pepper
peperone m	pepper
per cena	for dinner
per favore	please
per il viaggio	because of the journey
per questo	therefore
perché	why, because
perdere	to lose, miss
perdonare	to forgive
perfetto	perfect
pericoloso	dangerous
periodo m	time, period
permesso	May I?
però	but
persistere	to last, persist
persona f	person
pesante	heavy
pescatore m	fisherman
pesce m	fish
petto m	chest
piacere	to like, enjoy, pleasure to meet you

pianoforte *m*	piano
piatto *m*	plate, dish
piazza *f*	square
piccolo	small
pigro	lazy
pioggia *f*	rain
piombo *m*	lead
piovere	to rain
piscina *f*	swimming pool
pisello *m*	pea
più	more
più veloce	quicker, faster
piuttosto	rather
pizza *f*	pizza
pneumatico *m*	tyre Br / tire Am
pochissimo	very little
poco	a little
polizia *f*	police
pomeriggio *m*	afternoon
pomodoro *m*	tomato
ponte *m*	bridge
popolare	popular
porcellino *m*	piglet
portare	to bring
portare fuori	to take out
portiera *f*	car door
posata *f*	silverware
posta *f*	post Br / mail Am
posto *m*	position, place
potere	to be able / allowed to
povero	poor
poverino	poor thing
pranzare	to eat lunch
pranzo *m*	lunch
praticare	to practise, exercise,
pratico	practical
precedente	previous
preferire	to prefer

preferito	favourite
prego	you're welcome, my pleasure, please
prendere	to take
prendere il sole	to lie in the sun
prenotare	to book, reserve
preparare	to prepare
presentare	to present, introduce
pressione *f*	pressure
presto	soon
prete *m*	priest
prezzo *m*	price
prima	before
prima colazione *f*	breakfast
prima comunione *f*	first communion
primavera *f*	spring (time)
primo *m*	(here:) first course
problema *m*	problem
professore *m*	professor
progetto *m*	project, plan
programma *m*	program
proibire	to forbid, prohibit
promettere	to promise
pronto	ready, hello (on the phone)
proprio	straight, exact
prosciutto *m*	ham
prossimo	next
protestare	to protest
provare	to try (out)
pulire	to clean
puntuale	on time
pure	if you want
purtroppo	unfortunately

Q

quaderno *m*	exercise book
qualche	some

qualche volta	sometimes
qualcosa	something
qualcuno	someone
quale	which
quando	when, if
quanto	how much
Quant'è?	How much is it?
Quanto Le devo?	How much do I owe you?
quartiere m	neighbourhood
questo/questa	this
qui	here
qui vicino	nearby

R

rabbia f	anger
racchetta f	(tennis) racket
raccontare	to tell, narrate
radio f	radio
raffreddare	to cool off
raffreddore m	cold, flu
ragazza f	girl
ragazzo m	boy, young man
raramente	seldom
regalare	to give (as a present)
regalo m	gift, present
regista m /f	(film) director
regolare	regular
restare	to stay
ricamare	to stitch, embroider
ricco	rich
ricetta f	recipe
ricevimento m	reception
richiamare	to call back
riconoscere	to recognize
ricordo m	memory, recollection
ridotto	discounted admission ticket
rilassante	relaxing
rimandare	to postpone; to resend

rimanere	to stay
ringraziare	to thank
rionale	local
ripetere	to repeat
riposarsi	to rest
riposo m	rest
rispondere	to answer
risposta f	answer
ristorante m	restaurant
ritardo m	delay
riunione f	meeting
riuscire	to succeed
rivedere	to see/meet again
romantico	romantic
rosa	pink
rosso	red
rotto	broken

S

sabato m	Saturday
salare	to salt
sale m	salt
salire	to go/come up
salti	dance
saltimbocca alla romana f	Roman style veal cutlet
salutare	to greet
salute f	to your health
saluto m	greeting
sano	healthy
santo	holy
santo cielo	good heavens
sapere	to know
saporito	tasty
Sardegna f	Sardinia
sbagliare	to err, be mistaken
sbagliare strada	to get lost
scala f	stair

scaldare	to warm/heat up	scusi	excuse me
scappare	to flee, run away	secondo *m*	second, second course
scarpa *f*	shoe	secondo me	to my mind
scarpa da ginnastica *f*	gymnastics shoes	sedile *m*	seat
		segretaria *f*	secretary
scegliere	to choose, select	seguire	to follow
		semaforo *m*	traffic lights
scena *f*	scene	sembrare	to seem
scherzare	to joke	semplice	simple
schiena *f*	back	sentire	to hear, feel
sci *m*	skiing	sentire la mancanza di qualcuno	to miss someone
sciare	to go skiing		
sciocco	stupid		
sciroppo *m*	syrup	senz'altro	definitely
sconto *m*	reduction	senza	without
scontrino fiscale *m*	sales receipt	senza piombo	unleaded
		sera *f*	evening
scoppiare	to burst, break out	serata *f*	evening
scoppia la guerra	the war breaks out	serbatoio *m*	petrol Br / gas Am tank
		serenità *f*	comfort, harmony
scorso	past	sereno	clear, bright, calm, peaceful
scottarsi	to burn oneself	servire	to serve
scozzese	Scottish	seta *f*	silk
scritta *f*	inscription	sete *f*	thirst
scrivania *f*	desk	settembre *m*	September
scrivere	to write	settimana *f*	week
scrivere a macchina	to write with a typewriter	severo	strict
		sfilata di moda *f*	fashion show
scriversi	to write	si	one
scuola *f*	school	sì	yes
scuola elementare *f*	elementary school	sicuramente	certain
		sicuro	certain(ly), sure
scuola materna *f*	kindergarten	sigaretta *f*	cigarette
scuola media *f*	middle school	signora *f*	woman, lady
scuola professionale *f*	vocational school	silenzioso	silent, quiet
		simpatico	likeable
scuro	dark	sincero	honest
scusa	excuse me	smettere	to stop

soccorso stradale	road service
socio *m*	member
soddisfatto	content
soddisfazione *f*	contentment, satisfaction
soldi *m pl*	money
solo	only, alone
sopra	over, above
soprattutto	above all
sordo	deaf, hard of hearing
sorella *f*	sister
sorpresa *f*	surprise
sostanza *f*	substance
sotto	below, under(neath)
sottovoce	quietly
spagnolo	Spanish, Spaniard
spalla *f*	shoulder
specchio *m*	mirror
speciale	special
specialista *m /f*	specialist
spegnere	to switch off
sperare	to hope
spesa *f*	grocery shopping
spesso	often
spettacolo *m*	show, presentation
spia *f*	control light (auto); spy; spyhole
spiaggia *f*	beach
spiegare	to explain
splendido	marvellous
sport *m*	sport
sportivo	sporty, athletic
sposa *f*	bride
sposare/ sposarsi	to marry
squadra *f*	team
squisito	delightful, exquisite
stadio *m*	stadium
stanco	tired

stanco morto	dead tired
stanza *f*	room
stare	to stay, remain
stasera	tonight
statua *f*	statue
stazione *f*	train station
stesso	the same
stoffa *f*	fabric
stomaco *m*	stomach
storia *f*	history
strada *f*	street
strano	strange, unusual
strega *f*	witch
stressarsi	to stress (oneself)
studiare	to study, learn
stupendo	wonderful
subito	immediately
succedere	to happen
succo di frutta *m*	fruit juice
sul lago	at the lake
sul mare	by the sea
sull'angolo	at the corner
suocera *f*	mother-in-law
suocero *m*	father-in-law
suonare	to play (an instrument), to ring
supermercato *m*	supermarket
superstizioso	superstitious
supplemento *m*	surcharge
svedese	Swedish, Swede
sveglia *f*	alarm clock
svegliarsi	to wake up
svenire	to faint
svizzero	Swiss

T

tacco *m*	heel
tagliare	to cut
tagliatelle *f pl*	tagliatelle pasta

tardi	*late*
targa *f*	*number Br / licence Am plate*
tavola *f*	*dinner table*
taxi *m*	*taxi*
tazza *f*	*cup*
teatro *m*	*theatre*
tedesco	*German*
telecomando *m*	*remote control*
telefonare	*to call, phone*
telefonata *f*	*telephone call*
telefonino *m*	*mobile Br / cell Am phone*
telefono *m*	*telephone*
televisore *m*	*TV set*
tempo *m*	*time, weather*
tempo libero *m*	*free time, leisure time*
temporale *m*	*thunderstorm*
tenere	*to hold*
tenero	*tender*
terra *f*	*earth*
terrazza *f*	*terrace*
tessera *f*	*pass, ID*
test *m*	*test*
testa *f*	*head*
testimone *m /f*	*witness*
ti telefono	*I'll call you*
tifoso *m*	*football Br / soccer Am fan*
timido	*timid*
tipo *m*	*type, manner*
toccare	*to touch*
tornare	*to return*
torta *f*	*layered cake*
tovaglia *f*	*table cloth*
tra	*between, in*
tradurre	*to translate*
traffico *m*	*traffic*
traghetto *m*	*ferry*
tram *m*	*tram*
tranquillo	*calm, quiet*

trascorrere	*to spend, stay*
trasferirsi	*to move*
trattoria *f*	*inn, restaurant*
triste	*sad*
tristezza *f*	*sadness*
troppo	*too much*
trovare	*to find*
trovarsi	*to be, feel*
tutto	*all, whole*
tutto bene	*everything's OK*
tutto il giorno	*the whole day*
tv *f*	*TV, to watch TV*

U

uffa	*phew; how annoying!*
ufficio *m*	*office*
ufficio postale *m*	*post office*
ultimo	*last*
umore *m*	*mood*
un po'	*a little*
un po' di	*a little (+noun)*
un sacco di	*a whole lot of*
unire	*to unite, add*
università *f*	*university*
uomo *m*	*human being, man*
uovo *m*	*egg*
usare	*to use*
uscire	*to go out*
uso *m*	*use*
utile	*useful*

V

va bene	*OK*
vacanza *f*	*vacation, holiday*
valigia *f*	*suitcase*
vanillina *f*	*vanilla, vanilla sugar*
vasetto *m*	*glass*
vecchio	*old*

vedere	to watch, see
vedersi	to see (each other)
veloce	fast, quick
velocemente	quickly
velocità f	speed
vendere	to sell
venerdì m	Friday
venire	to come
venire a trovare	to come for a visit
vento m	wind
veramente	really
verde	green
verdura f	vegetable
verità f	truth
vero	true
vestirsi	to get dressed
vestito m	dress
vestito da	dressed up as
vetrina f	(shop) window
viaggiare	to travel, journey
viaggio m	journey
viaggio di nozze m	honeymoon
vicino	near (by)
vicino a	near
vigile m	traffic police
vigile del fuoco m	fire fighter
villa f	villa
vino m	wine
viola	violet
visitare	to visit
vista f	view
vita f	life
vitello m	veal
vivere	to live
volante m	steering wheel
volare	to fly

volentieri	gladly, like to
volere	to want
volta f	time
vorrei	I would like to
vostro	your

Z

zoo m	zoo
zucchero m	sugar
zucchino m	courgette Br / zucchini Am

 speaking your language

phrase book & dictionary
phrase book & CD

Available in: Arabic, Brazilian Portuguese*, Burmese*, Cantonese Chinese, Croatian, Czech*, Danish*, Dutch, English, Filipino, Finnish*, French, German, Greek, Hebrew*, Hindi*, Hungarian*, Indonesian, Italian, Japanese, Korean, Latin American Spanish, Malay, Mandarin Chinese, Mexican Spanish, Norwegian, Polish, Portuguese, Romanian*, Russian, Spanish, Swedish, Thai, Turkish, Vietnamese

*Book only

www.berlitzpublishing.com

Berlitz® speaking your language

Italian
in 30 days

Course Book
by Paola Frattola and Roberta Costantino